2021年度湖南省职业院校教学改革研究项目纵深推进"双创"升级背景下大学生创新创业教育人才培养教学模式研究，ZJCX2021002

U0661758

大学生

职业素养的养成与提升

黄德斌 ◎ 著

中国纺织出版社有限公司

内 容 提 要

大学生是祖国的未来和民族的希望，肩负着实现中华民族伟大复兴的使命。大学生不仅要志存高远，更要有服务祖国和人民的能力。对于大学生而言，成功地就业是成功事业的开始，而成功的就业离不开过硬的技术和足够的职业素养。所以大学生职业素养的养成和提升就显得尤为重要。

本书从大学生的职业素养和岗位需求能力出发，重点介绍职业素养的养成、演讲技巧、写作技巧、信息处理技巧、简历制作、面试技能、团队建设技巧在内的职业素养。

图书在版编目（CIP）数据

大学生职业素养的养成与提升 / 黄德斌著 . -- 北京：中国纺织出版社有限公司，2023.4

ISBN 978-7-5229-0101-5

Ⅰ.①大… Ⅱ.①黄… Ⅲ.①大学生—职业道德 Ⅳ.① G647.38

中国版本图书馆 CIP 数据核字（2022）第 222107 号

责任编辑：邢雅鑫　　责任校对：高　涵　　责任印制：储志伟

中国纺织出版社有限公司出版发行

地址：北京市朝阳区百子湾东里 A407 号楼　邮政编码：100124

销售电话：010—67004422　传真：010—87155801

http://www.c-textilep.com

中国纺织出版社天猫旗舰店

官方微博 http://weibo.com/2119887771

三河市延风印装有限公司印刷　各地新华书店经销

2023 年 4 月第 1 版第 1 次印刷

开本：710×1000　1/16　印张：9.25

字数：176 千字　定价：89.90 元

凡购本书，如有缺页、倒页、脱页，由本社图书营销中心调换

前　言

　　党的十九大报告指出，青年一代有理想、有本领、有担当，国家就有前途，民族就有希望。大学生是祖国的未来和民族的希望，肩负着实现"两个一百年"和中华民族伟大复兴中国梦的历史使命。大学生不仅要志存高远，更要有服务祖国和人民的本领。对于大学生而言，成功的就业是成功事业的开始。而成功的就业离不开过硬的本领和扎实的职业素养。

　　当前，有的大学毕业生毕业后不能顺利就业，原因很多，有就业观念和选择的问题，也有就业技能和岗位胜任力不足的问题，还有完成不了学业等。在很多大学生就业面临困难的同时，很多企业也面临着招不到合适人才的矛盾局面。加强大学生职业素养，提高就业竞争力，可以缓解这种供需矛盾。

　　本书重点从职业素养和岗位需求能力出发，重点介绍了职业素养、演讲技巧、写作技巧、常见的办公软件操作技巧、求职材料、面试技巧、团队建设。

　　本书由湖南交通职业技术学院黄德斌编写。编写过程中参阅了许多有价值的文献资料，借鉴了很多专家、学者、行业人员的宝贵经验，在此向他们表示衷心的感谢。

　　由于时间仓促，加之作者水平有限，书中疏漏之处在所难免，真诚地欢迎各位读者批评和提出宝贵意见！

著　者

2022 年 6 月

目　录

第一章　职业素养概述

第一节　社会需要的人才

一、供需模型分析

很多在校大学生在谈及未来的职业和发展时，充满着美好的憧憬："希望自己以后的工作是这样的：工资待遇和福利要好，希望不加班、不出差，办公环境要舒适和漂亮。"其实有这样的想法无可厚非，但问题是我们拥有获得这些待遇和福利的能力和本领了吗？大家看看下面的这个模型（图 1-1），当自己的能力与公司的要求相一致时，自己的需要就能和公司的给予相一致，当两个画上等号的时候就是我们个人和公司签约成功的时候。不怕没有高收入和高福利，就怕没有高强的本领和能力。

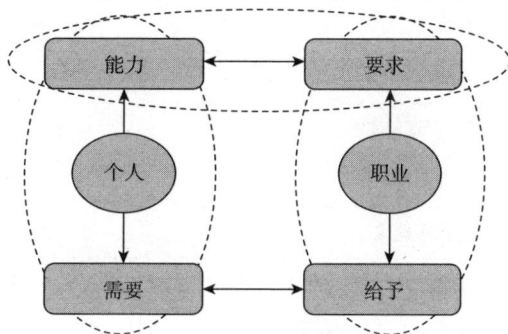

图1-1　求职供求模型

二、雇主们怎样讲

1. 雇主们最重视的综合素养

通过多年调查和与企业的交流，雇主们最重视的个人综合素养如表1-1所示。

表1-1 雇主们最重视的综合素养

序号	能力	描述
1	流畅、准确的口头表达	敢说话、会说话、说恰当的话
2	交流、沟通、社会交往	主动性、诚意，解决问题，融入
3	礼貌、礼节、团队合作、文化修养	体现修养，融入分工，配合完成
4	调研、策划、提炼、总结	思维意识和发现问题
5	组织、协调、管理	领导能力、个人号召能力、人格魅力
6	执行力、反馈进度	效率、主动性，做让人放心的人
7	责任心、上进心、事业心	完成好工作，有始有终
8	守时、诚信、忠诚度、正确心态	兑现自己的承诺和忠诚于上级
9	主动性、灵活性、情商高	主动融入，主动解决问题，主动完成
10	学习能力、创新能力	愿学、会学、善于学，改进创新
11	分析解决问题能力	做好事情是一切的落脚点
12	公司文化、核心价值观	快速认知、认可并适应

2. 雇主们最重视的专业素养

通过多年调查和与企业的交流，雇主们最重视的专业素养如表 1-2 所示。

表1-2 雇主们最重视的专业素养

序号	能力	备注（描述）
1	查询、搜索、统计	信息获取、筛选能力
2	逻辑分析、严谨踏实	信息数据使用能力
3	系统操作、办公自动化	工具能力
4	各类信息技术速成	快速适应现代化办公能力
5	熟悉专业、行业、工作岗位特点、性质	专业领域熟悉
6	外语基础知识及听、说、读、写能力	工具能力
7	专业基础知识扎实	—
8	专业技能过硬、动手能力强	—
9	应用专业分析和解决问题的能力	—
10	规范、流程化、标准、程序意识	—
11	专业具体岗位要求的素养	—

三、工程师和管理人员怎样讲

企业一般都喜欢基础能力比较扎实、综合能力较强的人。小型企业一般希望员工入职之后就可以参与到工作中，不需要花太长的时间培养。而大公司愿意培养你，但是需要你基础能力非常扎实，有一定的宽度和深度。

1. 关注行业

大学生在校学习期间，多关注与专业技术相关的微信公众号，每天晚上睡前看看，或者下载 CSDN、掘金之类的技术 APP，同时还可以去慕课网学习相关课程。通过这些基础知识和实用课程的学习，加强对职业岗位技术和素养的了解。

2. 加强表达

在校大学生一定要加强自己的表达能力，因为，无论是技术还是非技术岗位，都会涉及部门与部门、个人与团队的讨论和沟通。如果没有良好的口头表达能力，又如何正确表达自己的观点和与他人良性互动交流呢？升职加薪的机会又从哪里来呢？

3. 注重面试

在面试之前，肯定是要做大批量的笔试题的。一般较大规模企业的求职流程是投递简历——笔试——HR 面试——用人部门复试——总监终试——收到 offer。收到 offer 后即可入职，如办理银行卡、体检等。这些基本程序会在 offer 邮件里面具体通知。入职第一周一般都是培训，如熟悉环境、了解公司企业文化、规章制度等。

4. 敬业精神

所有的公司和主管都要求大学生要有良好的敬业精神和积极的工作态度。首先敬业精神就是在工作中要将自己作为公司的一部分，不管做什么工作一定要做到最好，发挥出实力，对于一些细小的错误一定要及时地更正，敬业不仅仅是吃苦耐劳，更重要的是"用心"去做好公司分配的每一份工作。其次要有良好的态度，如在工作中要将负责的、积极的、自信的态度体现出来。要充分相信自己的能力，一定要静下心来，勤奋工作和研究工作。

四、怎样加强大学生职业素养

1. 专业引导中获取

专业引导包含多个方面，如新生入学时的专业介绍和专业恳谈会；导师对本专业学生所做的人才培养方案的解读和引导；学院邀请院内外专家做专业相关领域的学术报告等。广大学生应该充分利用以上机会加强对本专业的认识和了解，不断增强对专业的现状、发展以及未来就业情况等方面的认知。

2．项目实践中获取

一定要加强项目训练。项目不仅仅是满足于课本中的理论内容，而且要结合社会生产中的实际情况运行项目。

3．第二课堂中获取

职业素养不仅仅是与专业相关的素养，还包括前面谈到的一个人的格局与视野、思想与品德、演讲与口才、交流与沟通、写作与阅读、调研与策划、组织与管理、礼貌与礼节、批判与创新、反思与总结、信息与处理、身体与心智等能力在内的软能力，以及个人情绪、时间、心态、效能、自信、包容、气场、逆商等在内的潜能力等众多能力和素养。这些素养是一个人的基本素养，只能在大学第二课堂的科技、文化、艺术以及各级干部经历和社团活动中获取。

4．社会实践中获取

《国家中长期教育改革和发展规划纲要》指出：提高质量是高等教育发展的核心任务，应用型大学就是培养具有社会责任感、创新精神和实践能力的高素质工程型、技术型人才，使之能够充分发展个人才能和满足社会需求。实践教学与育人对于实现应用型人才的要求具有特殊和重要作用，融大学生思想政治教育、专业教育、创新创业教育和社会服务于一体。通过组织学生开展校内外教学实验、教学见习、教学实习、生产实习、顶岗锻炼、毕业论文、科研活动、专业实践、社会实践等多种形式的实践环节，来达到育人育德之目的，从而实现人的全面发展。

第二节 培养职业素养

一、近年来大学毕业生数据和行业就业情况

2022 年 6 月 13 日，由麦可思研究院发布的《2022 年中国大学生就业报告》显示，2021 届本科毕业生中，有 4.2% 的人选择灵活就业，大学生灵活就业群体中近三成属于依托互联网平台的新就业形态。

其中，1.3% 选择受雇半职工作，1.7% 选择自由职业，1.2% 选择自主创业；高职毕业生中有 7.7% 的人选择灵活就业，其中包括 1.8% 选择受雇半职工作，

2.8%选择自由职业，3.1%选择自主创业。整体而言，教育领域仍是灵活就业毕业生相对集中的领域。

值得注意的是，2021届选择灵活就业的毕业生中，有近三成（本科：30%，高职：28%）属于依托互联网平台的新就业形态，主要包括主播、全媒体运营等。

报告指出，自由职业、受雇半职群体月收入、就业满意度相对较低。2021届选择灵活就业的毕业生中，除自主创业群体薪资及从业幸福感较高外，自由职业（本科：4471元，高职：4045元）、受雇半职工作（本科：4067元，高职：3804元）群体的月收入均相对较低，从业幸福感较弱（自由职业本科：71%，高职：68%；受雇半职工作本科：64%，高职：66%），均低于全国平均水平。

此外，报告指出，自主创业群体的生存挑战持续增加。2018届毕业后选择创业的本科毕业生中，三年内超过半数退出创业，仍在坚守的比例（41.5%）相比2017届同期（43.4%）进一步下降；创业的高职毕业生中，三年内有六成以上退出创业，仍在坚守的比例（39.5%）相比2017届同期（41.0%）进一步下降。

二、原因分析

就业市场存在一种奇特的怪现象：一方面，大量的毕业生无法按时就业或者找不到满意的工作；另一方面，大量的用人单位却找不到合适的毕业生。造成这种供需矛盾的原因很多：一是中国自身产业结构尚处于变革和调整中，对毕业生提出了更高的要求；二是学生的岗位胜任力达不到用人单位的要求，导致毕业生被用人单位委婉地拒绝；三是学生的期望值和自己的能力水平与用人单位的待遇和要求不相匹配，造成高不成低不就的就业意识。因此，加强大学生就业观念和意识转变，加强职业素养训练，提高思想觉悟、职业道德水平、岗位胜任力变得十分关键。这些综合素养将影响学生一生的成长，能为学生未来的发展奠定坚实基础，同时也为祖国的建设和发展储备合格的人才。

三、加强职业素养的意义

1. 增强就业竞争力，帮助快速寻找工作

当今社会说到底是人才的竞争，人才竞争导致就业压力增大。因为没有一个企业愿意花钱选拔一个不能给公司带来效益和价值的员工。那些从众多求职者中脱颖而出的佼佼者都有一个共同的特点：拥有良好的专业能力和非专业素养。用人单位在选拔和招聘时主要是看应届毕业生的专业能力和非专业能力。当然不是每个人都百分百达到用人单位的标准，都是在尽可能地朝着这两个标准和方向去

努力。谁比别人拥有更多的专业能力和非专业素养，谁就可能先被录用。

2．提高岗位胜任力，促进职业快速发展

一步领先，步步领先。个人某个领域比较突出的主要原因是不间断地训练和知道计划对于自己成长的意义。因为善于规划的学生比一般大学生进入职场后更能快速进入角色状态和发展，有良好职业素养的大学生习惯和善于关注行业动态和社会发展状况，能够很好地将自己的专业、学业与社会的变化和需求进行有效对接和转化。

四、如何应对就业形势

（一）树立正确的就业观

树立正确的就业观，首先要对自己有一个正确的认知，要衡量自己的综合素质有多高，掌握了多少专业知识，实际操作能力有多强。根据这些自身基本条件去对照，自己干什么工作比较适合，才去针对性投递简历。这样应聘成功的概率就比较高。反之，没有正确地认识自己，盲目上阵，应聘成功的概率就相对较低。

1．实现三个转变

（1）**城市—基层**：广大基层特别是西部地区、边远艰苦地区和艰苦行业以及广大农村还存在人才匮乏的问题。

（2）**公有—非公有**：人们一般都希望到政府机关、事业单位或国有大企业谋职、发展，而不愿意到集体企业或民营企业求职发展。

（3）**专业—通用**：现代社会分工越来越细，越来越注重综合素质，在校期间所学的专业知识与现实需要难以完全吻合，求职过程中如果过分强调专业对口则难以找到合适的职业。

2．几个错误的观点

（1）求稳，迷信"铁饭碗"、公务员事业单位。

（2）求大，大城市、大单位、大机关。

（3）求高，高起点、高收入、高福利。

（4）求闲，有五要八，早上报纸下午茶。

（5）求适，舒适、优美、明亮、宽大的环境。

3．树立新的就业观

（1）树立先就业后择业的观点。

（2）有到基层、一线、边远的决心。

（3）不怕困难、艰苦创业的就业观。

（4）自强自立、敢闯敢干的就业观。

（5）循序渐进、不断发展的就业观。

（6）跨地区、跨行业、跨所有制、跨国界的全方位就业观。

（7）树立自主创业、终身学习的观念。

（8）树立发挥专业所长、注重综合素质的观念。

（二）快速找到自己的方向并着手准备

高考前，每个同学动力十足、热情高涨、信心满满，因为大学就是黑夜中的明灯，这盏灯照亮了前行的道路，让我们目标明确、方向清晰，那就是考上大学。然而考上大学后，天亮了，灯却熄了，有的同学没了方向，开始迷茫，不知该走向何方……

当今，大学校园学风乱象千奇百怪，不上课、不考试、不锻炼、不做清洁、不洗澡、不礼貌、不诚信、不参加课外科技文化活动，迟到、早退、旷课等现象时有发生。虽然这些只是个别，却影响了整个大学的学习风气和个人的成长发展。有的同学以为考上大学后就万事大吉了，却不知道考上大学后不一定能拿到毕业证。拿到毕业证也不一定能找到工作或者满意的工作。临近毕业，有的同学在填写简历时，一片空白，不知如何填写，这才感觉大学白上了。

1. 做好规划

怎样才能像高考前一样精神饱满、斗志昂扬、有动力地去学习？怎样才能在千军万马过独木桥的潮流中顺应形势，到达成功的彼岸？怎样才能根据自己的爱好和兴趣在毕业时撰写出适应社会发展需要并且有特色的简历？这就需要我们从大一开始就确定学业目标和认真做好成长发展规划。

哈佛大学的一项研究表明，有规划跟没有规划，效果截然不同。3%的人有清晰且长期的目标，一直朝着同一个方向不懈努力，25年后，他们几乎都成了社会各界的顶尖成功人士。10%的人有清晰的短期目标，大都生活在社会的中上层，不断完成预定的短期目标，生活状态逐步上升，25年后，他们成了诸如医生、律师、工程师、高级主管等各行各业不可或缺的专业人士。60%的人目标模糊，25年后能安稳地生活与工作，但都没有什么特别突出的成绩。27%的人是那些没有目标的人群，他们几乎都生活在社会的最底层，生活过得很不如意，常常失业，靠社会救济，并且常常在抱怨他人、抱怨社会、抱怨世界。

2. 练就过硬本领，锻造核心竞争力

不管走哪一条路，一个人的发展总是跟他的职业素养相关的。一个是专业能力，我们把它叫作硬实力，它是我们求学的根本，是我们的主业，更是我们求职

和发展的基础；另一个是包括思想与品德、演讲与口才、交流与沟通、写作与阅读、调研与策划、组织与管理、礼貌与礼节、批判与创新、反思与总结、信息与处理等能力在内的软实力以及个人情绪、时间、心态、效能、自信、包容、气场等在内的潜能力。这些能力也叫作可迁移能力，一旦拥有便会适用于社会各行各业。这些能力不是生而拥有和先天具备，是可以通过后天的训练和实践获得的。那我们该怎样获得呢？

（1）**腹有诗书气自华，勤奋努力运气佳**。大学生一定要珍惜韶华，多读书，除了读好专业和其他课程的书外，还要读遍古今中外的经典名著，做到贯通古今、融汇中西。

三毛说："书读多了容颜自然改变。"沈从文也说："读书是门槛最低的高贵。"因为知识忘了，思想却留下了。书读多了，才会通晓事理、透彻人生，才不会"书到用时方恨少""船到江心补漏迟"。

外表的漂亮是一时的，心灵的美丽才是永远的。一个人如果不读书、远离书籍，将失去应有的内涵。我们希望男人稳重大方，能修炼成儒雅的气质，希望女人修炼成优雅的状态。

（2）**纸上得来终觉浅，绝知此事要躬行**。同学们在大学里学习也要掌握学习的方法和技巧，一定要抓住课堂时间集中精力学习；课后要及时复习，不断消化与反复训练。同时要做好四个方面：一是积极参加校内外各种科技文化活动，加强能力锻炼；二是要踊跃竞选各级各类学生干部获得成长经历；三是要参加专业性的社团，提升个人兴趣和特长；四是要多参加社会实习实践，广泛获得实践经验，为未来的成长和发展奠定基础。

3．**幸运绝非偶然，成功始于规划**

（1）**了解需求，确定目标是基础**。兵法有云，知己知彼方能百战百胜。要想实现理想的求职目标和人生价值的最大化，大学生们不能只读圣贤书、不闻窗外事，而要加强对外界信息的了解和获取，要根据外面的情况并结合自身的需求来确定自己的学业目标。一是要了解外部需求情况。有的同学在谈自己毕业后的工资待遇时，"毫不谦虚"地说到至少要 7000~10000 元，而且还要有良好的办公环境和优厚的福利待遇，工作时间还不能太长，不接受加班和异地出差。有较高的需求本身没有问题，但前提是你得有与此岗位相匹配的能力和价值。不能只从我的需求出发，因此建议大家在大学期间应通过文献、访谈、实践等形式多关注工作里的世界，多了解行业里的动态，能够回答出一个关键的问题，那就是职场里需要什么样的人。二是剖析自身能力状况。主要是加强自身情况剖析和了解，俗话说了解别人容易，了解自己难。要想真正地了解自己主要应做好两方面：一方面通过朋友、室友、家人、老师、同学等做 360 度无死角评价；另一方面多参加校内外科技文化艺术活动，在实践中证明和增强对自己的了解。三是整合资源拟订计划。当我们了解外面的状况，又知道自己的需求以后，在熟悉本专业人才培养方案的基础上就可以结合自身特长、兴趣、爱好以及专业发展方向制订适合于自己的学业目标和求职方向。值得提醒的是，拟定的大中小目标，一定要设定完成期限，分割成若干个小目标，从而盘点资源、找出成功的经验，确认你要克服的障碍，确认你所需要的知识、目标视觉化、效法模范（榜样），核对目标，再次确认。

（2）**实施计划，正确执行是关键**。执行力不仅是完成上级领导和部门工作安排的核心素养，更是自己人生规划和成长发展的基础。说一千，道一万，不如自己做一遍。再好的计划，不去做就会等于零。很多企业家能够取得成功的原因之一就是具备立即行动的执行力。我们确定了学业和求职目标之后，应将长远目标分解成中期、短期、长期，在确定每月的具体目标之后一定要执行和实施，而且要身体力行，不尽最大努力誓不罢休。一定要有今日事今日毕的决心和习惯。

（3）**评估反思，不断总结是进步**。同学们在学习、生活、工作中也要善于反思和及时总结，以便修正自己的学业方向，不断完善学习规划，从而早日实现当初进校时的初心和儿时的梦想。有的同学在制订学业规划和求职目标时，容易出现对准职业人角色认识不到位、不知道自己的学业目标和就业方向、对自己所学专业兴趣不大、设置的学业目标和求职方向过多、没有记录学业目标而形成系统的规划书、没有经常检查与总结等问题。

（三）主动出击，多方获取就业信息

有一个研究机构曾经做过一个调查，大概是：大学学习期间一直在前排位置就座的同学，毕业后他们的人生往往比坐在后排位置的同学更为积极和做出更多的贡献。这就告诉我们，主动积极的同学总是会获取更多的机会。当今社会是信息交融与数据爆炸的时代，谁获取的信息多谁就拥有更多的选择。因此，信息 = 机遇。信息量越多，选择面越宽；信息质量越高，把握性越大；信息越及时，越有主动权；信息越全面明确，求职盲目性越小。然而现在的情况是，很多同学根本不知如何获取和利用信息。比如，每所大学或者每个学院都会发布许多与专业相关的招聘信息至各自班集体的 QQ 群。但这些信息的利用率特别低，甚至有的同学根本不会点击信息，造成信息的浪费。就目前而言大学生获取信息的主要渠道有：

1. 校园招聘

就在校大学生而言，校园招聘应该还是一个主要的就业信息获取渠道。校园

招聘一般有两种方式：一种是学校会把各类就业信息通过辅导员发到各年级就业QQ群中，供大家选择。另一种是有的用人单位有明确的要求，需要校方进行推荐面试。校园招聘有时会提前通知，有时则不会，来得很突然。这就要求，在校的大学生们要提前做好各种准备。如自我介绍、自荐书、简历以及求职面试时可能要应对的问题等。

2．求职网站

目前求职网站种类繁多，供大家求职、找工作的机会也是非常多。大家根据目标岗位要求填写简历发布后，可以获得一些面试和机会。

3．关系网络

这种方式适合一些家族或者家庭中有某些资源和社会关系的学生，他们可以借助这些渠道获取就业信息。

4．直接联系

很多学生对知名的企业、公司比较喜欢和向往，希望毕业后能到这些企业工作。但是这些著名的企业并不一定会到校园来招聘。通过查阅官方信息之后，可以直接向这些企业人力资源部门的 HR 投递简历。

5．人才中介

如果实在没有其他的渠道和方式，通过人才服务的中介机构获取求职信息和进行推荐就业也是不错的选择，不过这些机构一般都要收取一些费用。

（四）外塑形象，内修素质

怎样才能在千军万马过独木桥的竞争中立于不败之地呢？其实，这是一个既简单又复杂的准备工作。说复杂，是因为大学生要通过目标定位分析、发展方向决策、计划严格实施等过程才能获得成功，而这个过程起码也要两年以上的时间才能达到一定的水准。说简单，是因为只要对照目标岗位需求，一一检查和弥补，加强训练和准备，通过一定的时间即可达到岗位职业技能和要求。

（1）**思想政治素质**。思想政治和品德素质优秀，无任何不良记录，获得毕业证、学士学位等证书。

（2）**教师基本素质**。教师资格证（三字一画考核达标，教育学、心理学知识体系完整，考核合格获得相应学分）。

（3）**逢进必考和公开招聘**。教师进行公开招聘的情况有两种。一种是中小学或职业院校各自有选拔优秀大学生的资格和指标。大学生符合学校的用人标准和达到相应条件，即可签约录用，同时按照上级要求办理入职手续。另一种是要经过人事部门统一组织的考核程序后，校方再进行审核后才能入编。但这种就要经过行政职业能力测试、申论、公共基础、应用文写作等课程的统一考试。

（4）**教学科目（专业）与综合素质齐头并进**。这里主要指的是专业领域的知识和能力要达标和特点突出，要做到知识扎实、技能过硬、水平高超。

（5）**精彩一课，准备一堂完整的试讲课**。为什么要常备这么一堂课呢？原因很简单，当一名老师最重要和最基本的技能就是有没有讲好一堂课的能力。知识可以学习，技能可以锻炼，但若一个人的表达能力、思维能力、综合素质能力等不够或没有准备好，肯定是不会被录用的。

第三节　大学生道德素养

一、大学生道德素养的意义

大学生道德素养包含的内容有很多，比如良好的品行、诚实守信、尊老爱幼等，在现代社会中，道德的作用越来越大，更是作为人与人交往的准则，人的行为影响道德的发展，道德约束着人们的行为。道德是社会主义精神文明的主要内容。良好的道德素养有利于个人素质的提升，更会影响到社会道德体系的建立。现在，提升国民的素质成为我国核心主义价值观一项重要的任务。提高大学生道德素养是大学生生涯的重要一环，更是成长路上的重要一环，提高大学生道德素养至关重要。

二、提高大学生道德素养的重要性

道德素质修养是中华民族优良传统之一，道德在中国古代居于非常重要的地位。当今世界各国的经济发展和科技进步主要是依靠高素质人才，大学教育的目标不仅仅是使大学生学到专业知识和专业技能，更重要的是让大学生学会如何适应新环境并继续创新的能力。这就需要当代大学生具有较高的道德文化素质、较强的专业素养、健康的心理和体魄。

人无德则不立。如果我们没有意识到提高道德素养的重要性，我们将无法在世界中生存，也交不到真心的朋友。大学生的道德素养与国家的前途和民族的命运紧密相关，密切联系在一起，通过提高当代大学生的道德素养，将有助于建设和谐文明的社会，有益于国家的发展和进步。

人与社会密不可分，社会是由个人组成的，文明的社会需要文明的成员一起共建，文明的成员则必须要用文明的思想来武装，要靠文明的观念来教化。道德素养的提高，可以使每位社会成员进一步强化道德意识，端正自身行为，从而促进整个国家和全民族总体文明程度的提高，加快社会的发展。"天下兴亡，匹夫有责"，我们每一位社会公民都有理由以自觉提高道德素养为己任，一同投身于社会主义的文明建设之中。

三、大学生提高自我道德素养的方法

1．树立正确的人生观、世界观、价值观

德智体美，德育为先。加强政治理论学习，通过理论学习，不断提高自己科学文化知识水平，我们必须充分认识祖国的国情、悠久的历史文化，继承中华民族的优良美德，激发自身的爱国主义情感，明确自己的社会责任，树立崇高的理想与信念，把全心全意为人民服务作为自己的行动指南。只有树立正确的世界观、人生观、价值观，才能在纷繁复杂的现实生活中保持清醒的头脑，明辨是非，把握人生成才的方向，才能正确对待成才道路上所面临的各种境遇，不断排除成才道路上的障碍，勇往直前。

2．加强精神文明建设

提高道德素养是一项艰巨的、长期的任务，要使自己具有高尚的道德情操，就必须善于总结提高，狠下功夫。思想品德修养贵在自觉，贵在实践，从点滴做起，从我做起，这样日积月累就会取得长足进步。

大学生道德素养可以彰显时代的风采，谈吐温文尔雅，气宇轩昂，举止落落大方，知礼敬让，遵纪守法，关注社会民生，要做到这些，大学期间的历练更不可放松。大学生正处在人生观、价值观的形成时期，因此，可以确定自己学习的榜样，以先进人物为楷模，就会不断激励自己向更高的思想境界攀登。俗话说："榜样的力量是无穷的。"学习先进人物，可以是历史上的，也可以是现实中的，人一旦有了理想与目标，动力就会无穷尽，从而推动自己前进。

3．与理论知识相结合加强社会实践

"纸上得来终觉浅，绝知此事要躬行。"这句话充分说明了社会实践的重要性，在掌握科学理论知识的同时应加强社会实践。大学生要走出校园，走出课堂，走向社会这个大课堂，积极参加社会实践、志愿服务等一系列的实践活动，为个人的成长进步、为将来的建功立业奠定良好的基础，通过实践增强自身的社会责任感和历史使命感，奉献自己的爱心，增加自己的社会经验与阅历，进一步

提高自身觉悟意识与能力，开阔自己的视野，自觉抵制社会上的不良风气、违规行为，在实践中自我教育，自我管理，自我服务，自我规范，自我完善。

一个人的道德素养如何，主要是通过社会实践来检验。俗话说："听其言，观其行。"这里的"行"就是指社会实践，离开了社会实践便谈不上自我修养、自我改造。社会实践不仅是智慧的源泉，而且是道德的源泉，人们的思想道德正是在社会实践中、在为人处世的表现里形成的。

4．与时俱进，培养自己的时代意识

21世纪，国内外形势发生了巨大的变化，历史与现实、传统与现代、本土文化与西方文明多重因素的交织，前所未有的文明冲击与文化碰撞，使当今大学生成为困惑的一代，一些学生不同程度地存在着政治信仰迷茫、理想信念模糊、价值观取向扭曲、诚信意识淡薄、社会责任感缺乏、艰苦奋斗精神淡化、团结协作观念较差、心理素质欠佳、职业选择方向难辨等问题。大学生是国家宝贵的人才资源，是民族的希望、祖国的未来，所以一定要规划好自己的图景，树立正确的人生观和价值观，这样才能在国家需要我们的时候、社会需要我们的时候，做好我们该做的事。

第二章　演讲技巧

一、何谓演讲

演讲通俗来讲就是：演讲者在特定的时空环境中，以有声语言和相应的体态语言为手段，公开向听众传递信息、表述见解、阐明事理、抒发感情，以达到说明事理、感召听众之目的。它是一种带有艺术性的社会实践活动。演讲具有一定的现场性和艺术性，更是一场社会实践活动。因此，人们在各类社会实践活动中都要发表自己的见解或者是提出自己的主张，或者是释疑解惑，抒发自己的情感，从而达到说服人、感染人、教育人、激励人的目的。

二、演讲的分类

1. 按表达形式划分

命题演讲，主要是根据组织者或主办方事先拟定的题目进行观点阐释和意见表述；即兴演讲，主要是临时就某一观点、主题或事项进行演说，比较要求演讲者的思想思维和语言组织以及反应能力；论辩演讲，演讲与口才的最高级阶段的形式，更加要求演讲者的反应能力、逻辑思维以及知识储备和语言表达能力。

2. 按主要内容划分

政治演讲，主要是职务竞选和政策宣讲，常见的有总统竞选、干部竞选、国家领导人参加各种大型会议时发表的主旨演讲等；学术演讲，主要是指讲课、讲学以及举办各种沙龙论坛或讲座等发表的演讲；推介演讲，公司新产品发布和产品说明会时进行的主旨演讲，如华为公司余承东曾多次在新产品发布时发表带有推介和宣传性的演说，以及苹果公司创始人乔布斯在新产品会上的演讲等都是推荐演讲。IT 相关工程专业的学生不管是在一线开发程序还是做市场和项目产品相关工作都涉及了演讲。

三、演讲的要素

一场成功的演讲活动中，包括了主持人、演讲者、主题、客体等要素。只有认真分析和研究每场演讲活动中的这些要素才能确保演讲的成功。

1．主持人

主持人在整个演讲活动中起着氛围营造、内容播报、流程衔接、规范现场秩序等作用。因此主持人的能力和水平以及穿戴、气质直接代表了整场活动的水平和档次。那么演讲者一般都要事先跟主持人或者主办方进行沟通，把双方的情况摸清楚，尤其是要把自己的要求和简介与主持人沟通好，不然直接影响演讲前期氛围营造和准备工作。

2．演讲者

演讲者是一场演讲活动的主体和关键性的要素，演讲者本人的水平、知识能力、语言表达能力、思维能力、观点内容以及风格等都影响着整场演讲活动的成败。

3．主题

主题是一场演讲活动的灵魂，只有确定了主题才能确定演讲的主题和内容，而演讲也必须有一个明确的主题。因此在演讲前必须搞清楚本场演讲的主题。

4．客体

一场成功的演讲活动不仅包含了主持人、演讲者和主题，还包括了听众、环境场地状态、音响设备、视频设备、辅助设备等在内的客体因素。一是听众，没有听众的演讲是不成立的，演讲一定有对象，即使是没有演讲对象的演讲比赛也是有听众的，那就是评委。演讲者的风格和内容要与听众的需求相一致或尽量一致，如若不然就会失去互动和效果。二是环境，环境也是演讲者要了解的关键因素，环境是室内的还是露天的，是大型体育场还是室内会议室等。三是音响设备，一场高质量的演讲必须要有高质量的音响设备作为保障，同时要考虑在现场是用手持话筒还是用耳麦设备。四是投影 LED 等视频设备的清晰程度、分辨率、转换头、连接器、控制方式等要事先做了解。五是其他辅助设备如激光笔、道具等。

四、演讲结构

在一场正规的演讲活动或演讲比赛中，演讲的结构一般由开场引入语、主要内容和观点、结束语三部分构成。开始和结束虽然不是主体内容，但仍然很重要，能够起到点缀效果和画龙点睛的作用。

1. 开场引入语

好的开始就是成功的一半，别开生面和别出心裁的开场方式定会达到非同凡响的效果，定会为现场营造良好的氛围，迅速抓住观众的眼球以达到吸引注意力的效果。

直接接入主题。通过问题或者一个故事引入主题。

例1：提问。"我想问一下在座的诸位，哪位知道今年学院招收了多少新生？""我想知道，如果我告诉您，在明年毕业之时，不能顺利毕业的名单上将会有您的名字，您有何感想？"

例2：陈述。"今天，我们市又有30个孩子的父亲因公去世——这类死亡本可得到预防！"

例3：提及。"今天，这里的每一位都记得，当我们听到唐山大地震时的震惊和悲痛。"

例4：主题。"我今晚要给您讲述令人激动振奋的××应用程序，然后告诉您这种技术将如何改变您的经商方式。"

例5：引用。"一位伟人说：'每个人的经历远远超过他的想象范围。'不过，正是经验而不是想象，才影响人的行为。"

例6：感染。"好心的人们，您只要掏五毛钱，就可以使这个孩子活下去，直到下年的收获季节，那时他就可以养活自己。"

2. 主要论点或内容预览

向观众或听众介绍本次演讲的主要内容，有利于建立大家对演讲的清晰思路和认识。当然这一步也可以省去，讲明主讲内容或者主要观点，也会减少演讲的神秘性。

3. 明确阐述主要论点

演讲时一定要思路清晰，观点鲜明，让听众明白你在讲什么内容。这就要注意，一是限制主要论点的个数，一次性不可能讲清楚太多的问题，所以要限制主要论点的个数。二是使用清晰的承接，也就是过渡要平滑。三是为了让听众更加理解你的内容，可以在适当的时候做阶段性小结。在明确阐述观点时，常用方法之一是用观点＋事实说明法，即事例＋数据说话。先抛出一个观点，这个观点的语言一定要精练，然后用一个具体的事迹来说明和佐证，这个事迹中有时候会带一点数字来强化听众对此事的理解和印象。

4. 结束语

演讲中除了有好的开头和过程，还要有好的结尾，一个好的结尾也能达到给观众留下深刻印象和进一步强化所阐释观点的目的。使用有效的结束语如下：

例1：提问。"所以，女士们，先生们，我要请诸位思考——如果有人告诉您，您正在受到这种疾病的困扰，您有何感想？"

例2：提示。"今天，在我们的节目里，我要使您认识到，我们需要更强更专业化的经销活动。而实际上，通过向您展示一个等待我们未开发的巨大市场，我想我已实现了目标。"

例3：行动。"我的建议已告诉诸位，实践它已刻不容缓。如果我们想避免灾难，那就必须立即行动。要想保证公司未来的繁荣，希望各位不要再迟疑，行动起来！"

五、演讲前的准备

1．内容准备

首先确定演讲的目的和主题；其次要充分准备素材，组织演讲内容及分析形式；最后撰写演讲稿。

2．听众准备

演讲主要是讲给听众的，因此要特别注意打听和了解听众的背景（兴趣、爱好、职业、文化程度）是什么，这里面有哪些关键人物？他们有什么样的期望？他们可能提出的异议和问题。这些听众对于内容的了解程度如何。听众的态度如何。有无自己的支持者在其中等，这些信息的了解对于自己顺利地完成一场成功的演讲是非常重要的。

3．环境准备

环境对于演讲者而言是演讲成功与否的关键因素。一般一场大型演讲活动或者演唱会，主讲者都会提前到场踩点彩排。摸清环境的情况和熟悉环境的布置有利于自己掌控一切可能发生的事情，也可以让自己的内心变得安定。其主要了解的内容有：空间大小是否舒适，座位排列是否易于交流，光线是否适宜，环境是否适宜，辅助设备、材料是否到位，有无应急要求，是否掌握了设备的用法等。

4．演讲者准备

演讲者才是主角，是整个会场的焦点，在现场是否具有带动感和影响力，主要由主讲者的魅力和打造的形象决定。但这些魅力和形象也由一些因素构成：一是演讲者自身情况，如仪表、动作、着装等方面。仪表的重要性不言喻，此处不再赘述，但每一个演讲者都应该根据主题、场合、情节等因素去考虑和精心准备，甚至是配合内容要完成的表情和动作也要经过设计和演练。二是辅助设备如激光笔、优盘、移动电脑、材料等。这些设备和信息资料同样重要,笔者曾参加一次演讲比赛,大赛的内容虽然了然于心,但准备的 PPT 由于没有提前试放,在正式比赛的时候却不能正常播放,导致画面感全失。

第二节 体态语表达

一、概述

在口语艺术中,无论是演讲,还是论辩、谈判、朗诵,都是一种高级的口语表达形式。所有这些涉及口才表达的活动,除了借助言语表达思想、交流感情和传达信息外,人们还可以运用体态语来表情达意。体态语传递信息的因素很多,有面部表情、形体语言和服饰打扮等。让更多发声之外的手段起到很好的作用是口才表达者必须做到的。

(一)体态语技能的构成

体态语,是指在交流中运用身体的变化,如表情、动作、体姿、身体空间距离等作为传递信息、交流思想感情的辅助工具的非语言符号。它是非语言符号系统中的一个重要组成部分,包括表情、走路姿势、站立姿势以及手势等,它具有将有声语言形象化、生动化的效果。在日常的交际过程中,体态语是一种"无言交际",是有声语言的补充与完善,同样也具有明确的含义和表达功能,它能起到有声语言难以达到的表达效果,即"此时无声胜有声"。

美国心理学家艾帕尔说:"人的感情表达由三个方面组成:55% 的体态,38% 的声调及 7% 的语气词。"在演讲活动中,有声语言作用于听觉,体态语作用于人的视觉,两者必须紧密配合,协调运用,才能声情并茂,体现演讲者风度,活跃演讲气氛,使演讲的表达效果达到完美。可以说,一次没有体态语的演讲就不是一次真正意义上的演讲。

体态语技能的构成,包括如下内容:

1. 表情

面部表情是心灵的屏幕,是最集中表现演讲者情感的体态语。面部的表情可分为两种:

(1)常态表情,表现为庄重大方、和蔼可亲、从容自信、亲切热情。在演讲中这种表情自然真实,能给听众形成良好的心理态势,创设和谐轻松的交际环境和交流氛围。

（2）随机而变的表情，表现为与演讲进程同步，它以最灵敏的特点，随演讲内容的变化而变化，把具有各种复杂变化的内心世界，如悲哀、痛苦、焦虑、烦恼、疑惑、不满等思想感情充分表现出来。

眼睛是"心灵的窗户"，能准确、生动地表达出复杂微妙的思想感情。眼神是表情的核心。演讲者的目光眼神要自然、从容，要有神采，富于变化，这样才能表现出信心和活力，才能使口语表达更加生动传神。

2．姿态

俗话说"站有站相，坐有坐姿"，一个人的站姿和坐姿，要有一定的规范，尤其在公共场合，不可随意，走姿也同样如此，

演讲者的姿态，包括站姿、坐姿与行姿。站姿是演讲者站的基本姿态，要求体形端庄自然，不呆板也不要太松懈；坐姿是演讲者坐的基本姿态，要求入座时要轻而稳，不要给人不稳重的感觉，同时坐姿要大方、端庄、自然。肩部放松，腰背挺直；行姿是指演讲者在台上走动的姿态。在讲台上适当地走动，有利于打破沉闷与单调的氛围，离开讲台，走近观众，有利于缩短演讲者和观众之间的距离，显得更为亲切。

3．手势

手势是体态语最重要的表达方式，它有极强的、极广泛的表达力。从手势的功能来看，手势的表达可分为四种类型：一是象形手势，这类手势主要用来临摹事物或人物的形貌，能使自己所表述的内容更形象、更生动，给听众一种形象化的感觉；二是指示手势，这类手势是用手势指示具体对象，它有显示听众视觉使之看到可及范围内真实的实物和方向的作用。如说到序数时，可以出示相应手指，给听众以实感；三是象征手势，这种手势主要用来象征某种意义，往往具有特定的内涵表达对事物的态度。虽然手势含义比较抽象，但与口语恰当配合，容易激发听众情感，引发心理共鸣。例如，"V"形手势和"OK"手势，前者伸出食指和中指，其余的手指握住，表示"胜利、YES"等意思，后者大拇指和食指摆成一个圈，而另外三根手指伸直，表示"好、肯定"意思。除此之外，大拇指向上，把其他手指握起来，表示"好棒、厉害、了不起"等意思。反之，大拇指朝下，则表示"无法接受、对方输了"等意思，而把其他手指握住，伸出并摇动食指，则表示"否定、不赞同、不满意"等意思；四是情意手势，这种手势主要是用来表达演讲者喜、怒、哀、乐的强烈的情感的。例如：讲到令人愤怒的事件时，演讲者双手握拳，不断颤抖；讲到令人高兴的事件时，演讲者充满自信，脸

上流露出骄傲的神情。情意手势既能渲染气氛，又助于情感的传达，在演讲中使用的频率最高。

手势语的活动范围，一般分为上、中、下三个区域。

上区，在肩部以上，表达理想、希望、喜悦等意义。

中区，在肩部至腰部之间，表达坦诚、平静、和气等中性意义，一般不带情感色彩。

下区，在腰部以下，表达憎恶、鄙夷、不悦、反对、批判、失望等情感。

同时，手势语还有单式、复式之分。单式，即单手手势；复式，即双手手势。在演讲中，这两种手势的选择，要根据具体的演讲内容、情感的强弱来取舍。也就是说，要根据内容和情感表达需要，以及场合和对象的需要，不可不动，也不可乱动，因为不动则已，动则传情，这是有讲究的。

4．服饰

作为一种文化现象，在正式演讲的场合，服饰给听众留下非常深刻的印象。演讲是一种展示，演讲者登台时，首先展示给听众的是自己的仪表着装。因为服饰直接参与演讲者的视觉形象塑造，其穿着打扮在很大程度上体现了演讲者的思想、个性、气质、文化修养和艺术品位。在什么场合演讲穿什么衣服，服饰传递的语言信息是否得体，既是礼仪，也是修养，直接影响演讲的成功与否，演讲者所释放出的无声语言系统，在演讲过程中的作用不容小觑。因此，演讲者的服饰是有讲究的。

（1）凸显演讲者的个性。这里所说的个性，不是演讲作为自然人的个性，其服饰个性要兼顾演讲的场合、主题、对象的特征，将服饰的选择与演讲的内容、对象有机地融合，通过服饰的个性凸显演讲的个性。如演讲的对象是青年学生，服饰要青春靓丽，生动活泼，充满活力；演讲的对象是中老人，服饰要朴素大方，端庄大气。如果演讲者是学生、教师，可以穿校服；是公安、交警、税务的，可以穿制服。总之，服饰可因年龄、职业等而异，但有一点必须强调，务必要根据演讲内容的定位、特点、环境等做相应的调整或设计，如护士"白衣天使"、老人"寿星"等的形象。

（2）突出演讲者协调的美感。演讲者的言谈举止能给听众留下美好、深刻的印象，而服饰打扮之美同样也是如此，它给人美好、深刻的印象首先是协调之美，这是演讲成功的关键外在因素。

①服饰的协调之美，整体上的要求是"称体、入时、从俗"。所谓"称体"，就是要求身材、体形比例与服饰打扮互相协调，服饰的色彩、式样、比例要与

人体本身的尺寸相适宜，把色彩和人体融为一体。所谓"入时"，就是指服饰的色彩、式样面料要与自然界的变化一致，保持与自然界的协调和谐。所谓"从俗"，就是要求服饰要与社会生活环境、民情习俗保持协调一致。

②服饰与演讲内容的协调之美，要求根据不同演讲内容选择不同的服饰式样、颜色，即服饰式样、颜色要与演讲内容的特点以及演讲者思想感情的表达保持协调一致。从色彩学的角度看，色彩有冷色、暖色之分，不同的色彩有不同的心理学意义，在人们的思维中已经形成牢固的观念。因此，在喜庆、庄重、哀痛等不同的场合，服饰的颜色是有区别的。

（3）彰显与时俱进的特点。服饰作为一种文化现象，和其他文化现象一样，也是随着时代的变化而与时俱进。服饰是社会发展的一种文化符号，是演讲者用来传情表意的一种方式，本质上要与其职业、身份、年龄、性格、气质和精神相协调，因而形成丰富而独特的服饰审美特点。社会是发展的，服饰文化这个符号也是不断发展的。从这个意义上说，服饰的选择必须彰显与时俱进的特点，也就成为演讲者的必然选择。

5．界域

界域是美国哲学家 S.A. 萨尔瓦多于 1985 年提出的一项理论，用于解决空间与时间、虚与实、真与假（悖论）等著名哲学疑难问题。借用这一概念说明演讲的体态语，即界域语，它指的是交流过程中的空间位置、人际距离、运作范围和时间与空间的组织等，它是交际双方通过距离的差异来沟通情感、传递信息的体态语言。

演讲的交际活动总是要在一定的时空中进行，当然离不开一定的时间背景、环境场所、人与人或与物（如话筒、灯光、镜头）之间的距离和运作范围。界域语运用于演讲，可定义为大众界域语，即演讲者和听众距离空间较大，演讲者在台上，而听众在台下，这就表明演讲者和听众进行口语交流的不可能性和现实性，但它可以通过中间停顿留置时间来完成，如提问、交流等。

（二）体态语的作用

体态语对演讲者和听众具有不同的作用。对演讲者来说，有振奋、镇定、提示和辅助传情达意的作用；对听众来说，有启发、演示、感染、说明、吸引等作用。比如一个微笑，它既是演讲者向听众表达善意的信息，同时也起到镇定自我的作用。它传达给听众的信息是：演讲者是平易近人的。这无疑加强了听众对演讲者的信任感，"自己人"的感觉油然而生。这就是微笑对听众的感染和吸引。具体来说，体态语有以下几个作用。

1. 辅助有声语言

演讲，从字义上理解，"讲"指语言表达，"演"指体态语运用技巧。也就是说，语言是演讲的主要手段，而技巧是辅助手段。这里所说的"辅助手段"，指的就是体态语。

演讲中的"演"作为辅助性手段，其作用主要表现在如下几个方面：

（1）明确言语所指，即把有声语言不便说的意思表达出来，帮助表达未尽之意。例如：

罗贯中《三国演义》："操以手指玄德，后自指，曰：'今天下英雄，惟使君与操耳！'"

显然，曹操的手指语是来明确对象的，对有声语言起着一种补充、强调的作用，说者和听者心知肚明。正如古罗马的政治家西塞罗所说的那样："一切心理活动都伴有指手画脚等动作，双目传神的面部表情尤其丰富，手势恰如人体的一种语言，这种手势甚至连最野蛮的人都能理解。"

（2）加强、补充信息的语义分量，对有声语言起着丰富、强调的作用。例如：

演讲者经常在演讲中把内容归纳为第一、第二、第三、第四，并且边讲边用手指一个个数，其手势语伴随话语，对话语起到了补充说明的作用，强调了话语所要表达的内容包括哪几个方面。从而使语言的表达效果更加强烈。

（3）有效显示言语的心理内涵，增强言语的情感。例如：

1919年俄国爆发十月革命，当起义的工人、士兵攻下冬宫之后，列宁快步登上讲台。他面向台下群众，就像大乐队的指挥，身势稍向前倾，右手掌向前果断有力地推出。沸腾的冬宫顿时鸦雀无声，列宁震荡寰宇的声音开始传向世界……列宁的这一手势，使人民群众看到了前进的方向，感受到了巨大的力量。

（4）铺垫、渲染语言的表达效果。例如：

一般演讲者讲到胜利成功时，会拍手称快；讲到非常气愤的事情时，演讲者会双手握拳，不断颤抖；讲到担心的事情时，演讲者会双手互搓。

在一些特定的场合，体态语完全可以不依附于有声语言而独立传情达意，表达思想感情，或表达特定含义，在很大程度上起到"此时无声胜有声"的作用。

纵观闻一多的《最后一次演讲》，可谓感情强烈，慷慨激昂，其情感以"拍案而起，横眉怒对"的肢体语言表达和发泄，可以说每个字、每个句子都在表达一种感情、一种思想。

2. 塑造良好形象，展示人格魅力

形象，指的都是美好的仪表举止、姿态，即能引起人的思想或感情活动的具体形态或姿态。演讲者登场时要大方自然，亮相得体，而后环视全场，面向听众微笑示意，这些举止给听众留下亲切、真诚、老练、潇洒的第一印象。演讲的第一印象往往是演讲者还未开口，就已经通过体态语的表达，深刻地印在听众的脑子里。这就是说，演讲要充分展示自己的气质、风度，光靠有声语言的表达显然是不够的，还需要作为无声语言的体态语加以表现，这样才能征服听众。例如：

某公司张先生在一次竞聘演讲中，身着西装领带，站立笔挺，面带微笑，做出各种手势配合自己的演讲。当得出某个结论时，手在面前一挥；当一个观点的论述结束时，两手放在一起，十指相对，且用语幽默，常常引得听众发出爽朗的笑声，非常从容自然。

由此可见，从容、流利、幽默、机智的谈吐，加上面对公众讲话的气质、风度，良好的体态语无形中形成一种独特的风格和形象，在某种程度上展示了人格魅力，给人一种美学涵养的享受。

3. 调控听众情绪，营造演讲氛围

在日常的交际生活中，体态语的表达具有相当大的随意性。例如，偶遇熟人或同学，面部会很自然地露出笑容或伸手互握，以示"好久不见"偶遇的一种亲切感等，这是兴之所至，随意为之。但演讲不一样，演讲者始终处于听众视线的聚焦之下，一举一动、一颦一笑，无不影响着听众的情绪，给听众带来或积极或消极的影响。因此，演讲者体态语对听众而言，具有一种"调控性"特点，即"控场"。这是因为：

演讲是一种信息传递活动，这种信息传递是演讲者与听众双向交流的过程，说与听，是信息传播的两个终端。演讲者与听众构成交流双方，其特殊的主体身份和信息的交流与传递，要求演讲者必须与听众的交流过程保持默契，这就要求演讲者随时观察听众的反应，判断听众的情绪，掌握听众的心理，根据实际情况灵活驾驭现场，有意识地通过体态、手势、表情、眼神等手段传递信息，调控听众情绪，促使听众参与，营造演讲氛围。例如：

英国首相威尔逊在一次群众集会上发表演讲时，反对派在听众中搞"反宣传"，有个人高声大骂："狗屁！垃圾！"这显然是在骂威尔逊的演讲一派胡言。虽然受到了干扰，但威尔逊非常沉稳，对此报以宽厚的微笑，然后严肃举起双手表示赞同，不慌不忙地说："这位先生说得好，这个问题十分重要，我们一会儿就要讨论你特别感兴趣的肮脏的问题。"捣乱分子顿时哑口无言，听众则报以热烈的掌声。

威尔逊在演讲过程中，遇到台下的责难时沉稳应对，及时调整言语表达的策略，先是报以宽厚的微笑，而后严肃举起双手表示赞同，恰当地运用面部表情和手势语，踢皮球似的把不怀好意的挑衅踢给了挑衅者，掌控和调节听众的情感状态，引导听众进行情感自控，使听众在获得声音感受的同时，获得形象上的感受。

二、面部表情

法国作家罗曼·罗兰曾说过："面部表情是多少世纪培养成功的语言，是比嘴里讲得更复杂到千百倍的语言。"

（一）面部表情的含义

面部包括眼神、眉目、脸部、口唇等。面部表情主要是指演讲者通过自己的脸、嘴和眉目所表达出来的感情。脸部是情感的晴雨表，听众可以由脸部表情读懂演讲者的情感世界。例如：嘴角下撇表示伤心，嘴角上扬表示高兴，撅起嘴巴表示委屈，张口结舌表示惊讶，咬牙切齿表示仇恨，咬住下唇表示忍耐……

（二）面部表情的作用

丰富的面部表情背后表现着复杂的思想情绪。演讲者应善于通过自己的面部表情，把自己的内心情感灵敏、鲜明、恰当地显示出来，与听众构筑起交流思想感情的桥梁。面部表情自然，才会使演讲动人真挚。同时，面部表情还应随着演讲内容和演讲者的情绪发展而变化，这样会使演讲充满真情，更能打动听众的心。

（三）面部表情的解读

我们要了解面部各部分表情所代表的意义，才能有目的地练习，在演讲时才能更好地配合有声语言。眼睛的睁与眯，眼角的翘与垂，眉的展与皱，嘴角的上与下，鼻头的收与张，面部肌肉的松与紧都表达了不同的思绪和感情。

1. 眼睛

眼睛通常是情感的第一个自发表达者，透过眼睛可以看出一个人是欢乐还是忧伤，是烦恼还是悠闲，是厌恶还是喜欢。从眼神中有时可以判断一个人的心是坦然还是心虚，是诚恳还是伪善；正眼视人，显得坦诚；躲避视线，显得心虚；乜斜着眼，显得轻佻。

2. 眉

眉间的肌肉皱纹能够表达人的情感变化。柳眉倒竖表示愤怒，横眉冷对表示敌意，挤眉弄眼表示戏谑，低眉顺眼表示顺从，扬眉吐气表示畅快，眉头舒展表示宽慰，喜上眉梢表示愉悦。

3．嘴

嘴部表情主要体现在口形变化上。伤心时嘴角下撇，欢快时嘴角提升，委屈时撅起嘴巴，惊讶时张口结舌，愤恨时咬牙切齿，忍耐痛苦时咬住下唇。

4．鼻

厌恶时耸起鼻子；轻蔑时嗤之以鼻；愤怒时鼻孔张大，鼻翕抖动；紧张时鼻腔收缩，屏息敛气。

5．面部肌肉

面部肌肉松弛表明心情愉快、轻松、舒畅，肌肉紧张表明痛苦、严峻、严肃。

一般来说，面部各个器官是一个有机整体，协调一致地表达出同一种情感。当人感到尴尬、有难言之隐或想有所掩饰时，五官将出现复杂而不和谐的表情。

（四）眼神的传达

听众看演讲者的表情，首先是看他的眼睛。心理学研究表明，在人的各种感觉器官可获得的信息总量中，眼睛要占百分之七十以上，人内心的隐秘，胸中的奔突，情感的起伏，总是自觉不自觉地在不断变幻的眼神中流露出来，它犹如一面聚焦镜，凝聚着一个人的神韵气质。

三、形体语言

（一）形体语言的含义

所谓"形体语言"，是指在一些特定场合，交际者不用口头语言或书面语言，而是通过身体的某种动作来表情达意的一种交际手段。例如：走姿、站姿、手势、鞠躬。一场公众演讲中运用这些形体语言，可以让自己的演讲更加出彩。

（二）形体语言的作用

1．提升演讲者魅力

为什么有的演讲者在舞台上神采奕奕、魅力非凡，为什么有的演讲者就毫无生趣？这就是舞台魅力。优雅的举止、睿智的谈吐都是产生魅力的重要因素。塑造良好的形象，核心就是形体语言。

2．演讲更有感染力

有些内容，仅仅依靠语言文字和声音是没办法传递的。比如在开场的时候，演讲者沉稳的表情和坚定的眼神可以树立权威和影响力，比任何语言更具有力量和感染力。

3．有利于控场

演讲者的影响力越大，控场效果就越好。而产生影响力最重要的就是声音和眼神，尤其是眼神。眼神是人的精神力的体现，眼神到的地方就是影响力到的地方，影响力到的地方就是控制力到的地方。

（三）演讲的姿态

1．站姿

演讲者的体态、风貌、举止、表情都应给听众以协调的美感，从语言、神态、气质、感情、气魄等方面充分地表现出演讲者的特点。

演讲时一般采用站姿。演讲者站姿规范如下：挺胸，收腹，气下沉；两肩放松，重心主要支撑于脚掌脚弓上；脊椎、后背挺直，胸略向前上方挺起；腿绷直，稳定重心位置。

演讲站姿有前进式、稍息式、自然式、立正式、丁字式等。这里主要介绍以下几种。

（1）前进式。前进式是演讲者使用最多且最灵活的一种站姿。要求右脚在前，左脚在后，前脚脚尖指向正前方或稍向外侧斜，两脚延长线的夹角约45°，两脚脚跟距离约15cm。这种姿势没有固定的重心，可以随着上身的活动在前后脚上转移。另外，前进式站姿的手势动作灵活多变，可前可后，可左可右，以表达不同的感情。

（2）稍息式。稍息式要求一只脚自然站立，另一只脚向前迈出半步，两脚脚跟相距约12cm，两脚之间约成75°夹角。这种姿势的重心总是落在后脚上。一般适于长时间的站立演讲，中途可更换姿势，使身体在短时间内得到松弛和休息。需要注意的是，这种姿势不宜长时间单独使用，会给人一种不严肃之感。

（3）自然式。自然式要求两脚自然分开，平行相距与肩同宽，约20cm为宜。

2．坐姿

一些篇幅较长的演讲可采用坐式。坐姿要文雅、大方，落座时要轻盈、和缓，切忌急急忙忙、人未站稳就重重地坐下。落座后要保持上身正直、头平稳，两腿微曲并拢，两脚并起或稍前后分开，切忌肩膀歪斜、半躺半坐、两手交叉在胸前、跷二郎腿或后勾脚等不良姿势。

3．演讲的手势

演讲的手势大致可分为以下四类。

（1）指示手势。指示手势是指用手势指示具体真实的形象，可分为实指和虚指两大类。实指是指演讲者确指在场的人或方向，且均在听众的视线内，如"我""你们""这边""上面""这些""这一个"等。虚指是指演者和听众不能看到的，如"在很久很久以前""在遥远的地方""他的""那时""后面"等。指示手势比较明了，不带感情色彩，比较容易操作。

（2）模拟手势。模拟手势是指用手势描述形状，其特点是"求神似，不求形似"。例如，用双手托举，把压力虚拟成一个"大山"，表达出真情实意。模拟手势信息含量大，能够升华感情，有一定的夸张色彩。

（3）抒情手势。抒情手势是一种表达强烈感情的手势，在演讲中运用频率最多。常用的抒情手势有：兴奋时拍手称快、恼怒时挥舞拳头、急躁时双手相搓、果断时猛力砍下等。

（4）习惯手势。任何一位演讲者都有一些只有自己有而别人没有的习惯性手势，且手势的含义不明确、不固定，会因演讲内容的不同而体现不同的含义。

综上所述，演讲手势贵在自然，切忌做作；贵在协调，切忌脱节；贵在精简，切忌泛滥；贵在变化，切忌死板；贵在通盘考虑，切忌前紧后松或前松后紧。

4.鞠躬礼

演讲前后演讲者都应做好鞠躬礼，这是演讲者的基本礼节。演讲前和结束后行鞠躬礼时，先站立好，双目注视观众，面带微笑，然后上身向下倾斜不超过45°，视线随之自然下垂。鞠躬礼仪不经提醒，都会被忽略，每天刻意练习鞠躬，真正上场的时候才能水到渠成。

第三节　控场的技巧

在社会生活活动中，无论是演讲、面试、谈判，还是营销、竞聘、主持、辩论、述职等，这些场合都有一个共性，即都需要进行口头表达。无论是哪种活动的口头表达，都可以视为一种特殊的演讲。优秀的演讲者不仅要把握演讲的核心思想，还要善于察言观色，把握听众的心理变化、爱好要求，及时调整自己的演讲思路和内容。因此，它要求演讲者要有超强的应变掌控能力，而这种应变掌控能力就是控场能力。

一、控场能力的含义及其能力的构成要素

(一)含义

从短语的类型看,"控场"是一个动宾结构的词语。"控"是动词,是"控制、节制、驾驭"的意思,而"场"是名词,意思是"场面,场所、场合"。"控场"就是控制、掌控活动场面、场合。由此可见,控场能力指的是在各种演讲场景中调动听众的情绪、集中听众的注意力、创造良好的气氛所必须具备的技巧,即演讲者对演讲场面进行有效控制的技能和办法,或者说是演讲者对演讲场面整体掌控的能力。这种能力促使演讲者成为"演讲的主人",对演讲进程中的环节、话题、时间等都了如指掌,进行全面控制。

根据演讲场面的实际情况,控场能力可分为两类,一是"常规控场",这是就演讲者而言的,演讲者为了使演讲能达到满意的效果,除了要注意演讲内容的条理和逻辑,以及演说词的流畅与清晰外,在演讲的过程中,还要运用自身风格和特色,把控自己的情绪和演讲场面的氛围,促使演讲在掌声中顺畅结束的能力。二是"应变控场",这是就听众情绪或技术层面问题而言的,即演讲过程中,出现预案剧本之外的突发状况,比如表演者失误引发的听众的情绪、注意力及场面气氛和秩序的变化,或现场技术方面出了故障等,演讲者运用临场应变的能力,巧妙地圆场补台,使演讲平稳过渡,最后顺利进行并完成的能力。

(二)控场能力的构成要素

1. 先进的、与时俱进的思想

当今而言,一个演讲者的成长与发展,没有先进的、与时俱进的思想认识,以及由此形成的世界观、人生观和价值观,是无法控制听众的情绪的。随着科技的发展和社会的进步,必须了解普通大众的心理状态和情绪需求,这样才能保证演讲符合社会主流思想。历史上许多著名的演讲家,如西塞罗、林肯,以及我国的文学大师闻一多、鲁迅等,都是在先进的、与时俱进的思想中启迪听众,并焕发出演讲的光芒。

2. 高尚的道德品质

如果说先进的、与时俱进的思想是演讲者控场能力的一大基石,那么演讲者的道德品质就应该是这块基石的另一个支撑点。因为演讲者的演讲目的是要教育人、影响人、感召人,除了弘扬与时俱进的先进思想外,还要以身作则,树立典范,做一个具有高尚道德品质的传播者,只有这样才能展现演讲者的人格美,才

能让听众看到演讲者身上闪耀的道德光辉，才能为听众所认同。

3．深厚的知识储备

深厚的知识储备是成功演讲的前提或保证。只有拥有深厚的知识储备，才能在演讲中充分阐述自己的思想观点，自如地驾驭和控制演讲的文化内涵与品位。古今中外的演讲家无一不是学识渊博之人，他们在演讲中旁征博引、妙语惊人，让听众感到内容丰富，绚丽多彩，新颖有趣，久听不厌，心扉顿开，都是他们博览群书、知识渊博的体现。

4．丰富的驾驭话题经验

演讲的核心是话题，所有的演讲内容紧紧围绕话题展开。经验是演讲者针对某一话题的演讲，通过对成功因素的分析和研究，上升为理性认识，从而归纳概括出来的做法、体会、规律。演讲者的演讲过程，对话题的驾驭能力，直接影响着演讲质量。演讲者要有效地调动听众情绪，集中听众的注意力，就需要演讲者对话题进行必要的补充、说明、引导、加深等，使演讲更加具有深度及广度。从这个意义上说，在演讲过程中就需要演讲者有丰富的驾驭话题不偏离主题的控场经验。

5．临场不惊的应变心理

临场不惊的应变能力是好口才的一项重要特质。所谓临场应变，是指在演讲过程中，面对一些意想不到的情况突然发生时，演讲者采取有效的措施，迅速、果断加以排除和平息，从而使演讲能够如期继续。

无论遇到什么意外情况，演讲者的情绪波动都维持在一个相对稳定的水平，这种不慌不忙的心理状态就是临场不惊的表现。这种临场不惊的心理，对于是否能够灵活机动地处理演讲过程遇到的障碍，起到决定性的作用。

二、形象控场

人的第一印象往往是由外在形象决定的，演讲者一经上场，就会把自己的形象诉诸听众的视觉，因而形象犹如一张名片，直接影响着听众对演讲者的态度和行为。演讲者的形象是演讲者内在的品质、修养、学识及个性等的外在体现，是演讲者的仪表、举止、礼貌、表情、谈吐等的综合反映，也是演讲者向听众展现自我的一个综合印象。从心理学的角度看，它是通过听众的观察、聆听、接触等各种感觉形成对演讲者的整体印象。

一个穿着得体整洁的人，可以直观地让他人解读出这个人的教育、气质、品质、学识等，在社交中就会占据先机，赢得对方尊重。反之，一个穿着邋遢的人，不可避免让人产生反感，甚至使人一见之下顿生厌恶。莎士比亚说："衣着是人的门面。"人际交往中"第一印象"决定了自己能否赢得别人的尊重。

1962年，在英国伦敦一个著名贵族举办的豪华宴会上，有一位中年男子出尽了风头。他举止言谈优雅迷人，令在场的所有女士都对他倾心，男士也都对他产生极大的兴趣和好感。人们纷纷相互打听，想和他结识。而那人在这次宴会上也收获颇丰，不仅签下了40多单生意，结交了很多朋友，还找到了他的终身伴侣。

这名男子就是当时英国著名的房地产商柯马·伊鲁斯。他的妻子艾琳娜后来在自传中这样描述他们的第一次见面："很明显，他不是我心目中理想的丈夫形象，但是看到他俊朗的面孔、清澈的眼睛，听到他充满磁性的声音，我就怦然心动了，可关键不是这样，关键是他身上散发出的一些独特的、说不清的东西，这些令我真正地心迷神醉……我对他一见钟情，决定要嫁给他。"柯马·伊鲁斯的商业伙伴梅德也是在这次宴会上认识他的，他们后来终生合作，非常默契。梅德曾这样评价他："他简直是个魔鬼，他身上散发着一种能够征服任何人的魔力。"

事实上，柯马·伊鲁斯在12年前就来过伦敦，并出席了一个由商会举办的小型聚会。但在那次聚会上，柯马·伊鲁斯不仅受到了嘲弄，还被侍从当成鞋匠给赶了出去。愤怒的柯马·伊鲁斯一气之下离开了伦敦。那时的柯马·伊鲁斯还是个小人物，开了一家小水泥厂，整天勤奋地忙来忙去，根本无暇顾及自己的形象。为了扩大生意，他千方百计弄到了一张商行聚会的邀请信，想混进去多结交一些人。可一进入聚会大厅，他就立即知道自己走错了地方。大厅装饰得金碧辉煌，男士们个个西装革履、彬彬有礼，女士们个个华服锦衣、优雅漂亮，柯马·伊鲁斯低头看看自己，一身油腻的、满是补丁的工作服，大胶鞋，乱发，简直像个乞丐。这时几位女士过来了，故意将酒洒在他身上，并趾高气扬地给他小费。侍从过来询问他，他讲明自己的身份，可是没人相信，而他拉一个认识他的人作证时，那个人不承认认识他，而说他是路边的鞋匠，于是他被当成混进来的鞋匠给赶了出去。

生气过后，柯马·伊鲁斯开始考虑自己为什么会受到这种待遇。自然，凭他的头脑，他一下子就想明白了。他回到家乡后的第一件事就是参加了一个礼仪培训班，并高薪聘请了私人形象顾问。经过一番改造之后，就有了前面他一举成名的一幕了。

形象的好坏并不代表能力高低，但是却可以帮助你在控场方面起到推波助澜的作用。卡耐基在《人性的弱点》一书中说："让你的衣着得体，但不需要昂贵。"

衣着朴素具有最大的魅力，一个外貌整洁、干净利落的人站在台上，总会给人精神焕发、充满自信的印象，容易成为全场的焦点，有助于增强人际间的吸引力，能够让你建立自信，轻松驾驭各种场合。

三、开场控场

演讲的开场是一次沟通的破冰，也是一次心灵的解锁。开场决定收场。演讲无论以怎样的方式开场，一开始就要控场，如果开场未能把控住整个场面，调动听众的积极情绪，让听众注意力集中的话，也抓不住人心，那么接下来就会遇到种种阻力，演讲效果自然大打折扣。

（一）大方亮相

演讲者一旦出场，即亮相，上场时务必大方自然，控制好身体形态、手势动作、眼神表情这些最初的情绪化信息，因为最初的情绪化信息是演讲中重要的信息交流手段。亮相大方，它是最初的情绪化信息的无声宣示，在制造演讲气氛、稳定演讲者与听众双方的情绪、蕴蓄演讲的爆发力方面具有很大的作用。演讲是激情的迸发、智慧的流淌、思想的撞击，来不得半点扭怩作态。缩手缩脚或扭怩作态，乃是上场亮相的大忌。自然活泼，大方自然，才能帮助自己增强信心，解除不必要的紧张。

（二）求稳莫急

演讲者出场后，不要急于开口。然而，现实并非如此，大多演讲者特别是一些初学或没有经验的演讲者，认为一上台就要讲话，就迫不及待拿起麦克风开讲。如果能打破这种思维惯性，上台先不要着急讲话，而是先在台上站好，环视一下全场，或点头，或微笑，或行礼，这样既能消除紧张气氛，又能引起听众的注意，把目光回归到演讲者的身上，台下就会安静下来，静候演讲者开始演讲，这时再开始进入"开场白"，演讲可能会有出其不意的效果。

（三）扣人心弦的开场白

"万事开头难"，而"良好的开头是成功的一半。"演讲的开场控场，除了大方亮相、求稳莫急外，一个好的开场白也是一个非常重要的影响因素。奥地利的乐团指挥韦勒说："如同有'招眼'的东西一般，也有'招耳'的东西。首先，对于演讲者而言，有决定意义的是要获得听众的好感，引起他们的注意，开场白就是沟通演讲者和听众之间的第一座桥梁。"这位音乐家指出，演讲者的开场白必须"招耳"，即引起听众的注意，获得他们的好感。由此可见，一个引人入胜开场白，才能拨动听众兴奋的神经。

四、眼手结合

演讲者不仅要把目光、动作的变化作为表达感情的一种方式，而且要把它作为吸引听众注意力的重要手段。在运用目光、动作的时候，要做到动静相兼、两者结合。如果目光一直游移不定，或动作过于频繁，都会引起听众的不适。

（一）目光的运用

美国的第四十任总统里根是演员出身，拥有高超的表演技巧，每次演讲他都能充分运用目光语。他的目光有时像聚光灯，把目光聚集到全场的某一点上；有时则像探照灯，目光扫遍全场。因此有人评价他的目光语是一台"征服一切的戏。"他是如何做到的呢？可以参考一下以下几种方法：

1. 环视法

有节奏或有规律地把视线从听众的左方扫到右方，从右方扫到左方或从前排到后排，从后排到前排。视线每走一步都是弧形，弧形又构成一个整体。这种方法要注意中间的过渡，由于其视线的跨度大，演讲时要注意衔接。这种方法主要用于感情浓烈、场面较大的演讲。

2. 侧视法

用"z"形或"s"形运用视线。此法在诵读中用得较多。

3. 点视法

在处理特殊的情感与观众的不良反应时，可大胆运用此法，对制止听众的骚动情绪有很大好处。

4. 虚视法

即"眼中无听众，心中有听众"。这种方法在演讲中使用频率很高，尤其是初学的演讲者可以用它来克服自己的紧张与分神的毛病，而不至于使自己怯场。这种方法还可以用来表示演讲时的愤怒、悲伤、怀疑等感情。

5. 闭目法

人一般是每分钟眨眼五至八次，如果眨眼时间超过一秒钟就成了闭眼。演讲中讲到英雄人物英勇就义，演讲者和听众极度紧张，心情难以平静时，可运用此法。

6. 仰视法和俯视法

在演讲时不要老是注意听众，可以根据内容运用仰视和俯视，如表示长者对后辈的爱护、怜悯与宽容时，不时把视线向下；表示尊敬、撒娇或思索、回忆时可视线向上。要特别说明的是：视线的运用往往是各种方法综合考虑、交叉运用的，同时要按照内容的需要，紧扣感情的节拍，配合有声语言和手势、站姿等立体进行，切莫囫囵吞枣，照搬全抄。

（二）手势的运用

在现实生活与工作的交流沟通中，手势的运用是最普及、最常见、最频繁的，掌握了基本的手势语，有利于控场。下面是几种手势语的表达与意思：

（1）伸手（手心向上，前臂略直，手掌向前平伸）——表示请求、交流、许诺、谦逊、承认、赞美、希望、欢迎、诚实等意思。

（2）抬手（手心向上，手臂微曲，手掌与肩齐高）——表示号召、唤起、祈求、激动、愤怒、强调等。

（3）举手（五指朝天，前臂垂直，手掌举至头部）——表示行动、肯定、激昂、动情、歌颂等。

（4）挥手（手臂向前，手掌向上挥动）——表示激励、鼓动、号召、呼吁、前进、致意等。

（5）推手（手心向前，前臂直伸）——表示坚决、制止、果断、拒绝、排斥、势不可挡等。

（6）压手（手心向下，前臂下压至下区）——表示要安静、停止、反对、压抑、悲观或气愤等。

（7）摆手（手心对外，前臂上举至中区上部）——表示反感、蔑视、否认、失望、不屑一顾等。

（8）心手（五指并拢、弯曲，自然放在胸前）——表示自己、祝愿、愿望、希望、心情、心态等。

（9）侧手（手掌放在身体一侧，手心朝前）——表示憎恨、鄙视、神秘、气愤，指示人物和事物等。

（10）合手（两手在胸前由分而合，双手合一）——表示亲密、团结、联合、欢迎、好感、接洽、积极、同意等。

（11）分手（两手在胸前由合而分，双手打开，做另一手势状）——根据打开后手势的区域不同分别表示空虚、沉思、消极（下方），赞同、乐观、积极（中部），兴奋、赞美、向上（上方）等。

当然，除了以上手势外，一些特殊的动作同样能达到控场的效果。

1938 年秋，冯玉祥将军到湖南向几万人发表演讲，鼓励他们抗日。冯玉祥将军出场时，只见他左手握着一株小树，将一个草编的鸟窝放在树枝的丫间，鸟窝里有几个鸟蛋。下面人都愣了，不知将军这是要干什么。这时，冯玉祥将军开口说话了，他说："大家知道先有国家，然后才有小家，才有个人的生命的保障。我们的祖国遭到了日本帝国主义的侵略，我们都要用自己的双手保卫她，那就是起来反抗。如果不抗日——"说到这里，他的手一松，树倒了，窝摔了，蛋破了……

在这里，冯玉祥将军用小树比作国家，用鸟窝比作家庭，用鸟蛋比作个人，用握着小树的那只手比作捍卫国家的人，以实物展示，真实生动，增强了说服力。

五、脱离讲稿

在演讲时，如果拿着稿子讲，那不是演讲，那是读稿。从听众的角度来说，不但听起来兴趣索然，连动作、表情、眼神的交流都没有，演讲者更不知道台下的听众有何反应，根本没有任何感染力。因此，演讲要求必须脱稿，在脱稿演讲时，演讲者脱离了讲稿的束缚，可以随时跟听众进行动作、表情、眼神交流，表达自己的喜怒哀乐，同时还能根据听众的反应，及时调整自己的思路，或做相应的临时发挥，以调动听众的情绪。而脱稿演讲最怕忘词、卡壳，所以要做到"突然临之而不惊"，首先要打好"腹稿"，在表达上尽量口语化，在内容上结构要合理、清晰，过渡自然，自己写出来的稿件，印象自然深刻，这样更容易记忆，即便忘了词，也有利于临时发挥，不会卡壳。

人的成熟期差异甚大，有的人相当年轻就有很强的自控力，而有的人直至老年还缺乏相应的自控力。自控力是演讲的制胜法宝。脱稿演讲中，会遇到各种各样的演讲场合，碰到各种性格、各种层次的人，尤其是遭遇那些尴尬、冷场等不尽如人意的场面时，一旦陷入陌生的环境，就会不知所措。这时，演讲者一定要善于控制自己的情绪，不可因为情绪而致演讲陷入僵局。因此，要有效地提高脱稿演讲中的自控力，演讲的过程中，可以随时调整思路和时间，还可以结合现场情况增减讲话内容，有话则长，无话则短，以免造成演讲者和听众的双重折磨。

1990 年夏季，时任美国总统的布什访问匈牙利，而且要在国会大厦前的科苏特·拉约什广场演讲。可是天公不作美，当布什来到广场时，正下着雨，广场上一片伞的海洋，数千人在雨中一直等着听他的演讲。只见布什总统笑容可掬地走到麦克风前，一边说"女士们，先生们"，一边向群众挥舞双臂致意。正当大家等着他掏出讲稿并大声朗读时，令人吃惊的一幕发生了：只见布什总统从衣袋里掏出讲稿，几下就把它撕成了碎片。然后，他对群众说："讲稿太长，为使大家少淋雨，改为即兴讲话。"话音刚落，人群中立刻爆发出一片掌声和欢呼声。

天下着大雨，如果布什总统在那里埋头长篇大论地念讲稿，一定会影响听众的情绪，很难驾驭在大雨中听众听他演讲的气氛，而布什总统就是一个聪明人，不专注于演讲稿的自控力极强，正好满足了大家当时的心态，同时收到的功效也是念稿无法达到的。

六、变换节奏

《礼记》中记载："节奏足以感动人之善心。"孔颖达注曰："节奏，谓或作或止。作则奏之，止则节之。"可见，古人很早便已认识到节奏的重要性。古人写文章，提倡"谓如风行水上，自然成文"，一篇成功的演讲也是如此。要想让演讲生动感人，如何把握节奏呢？跌宕起伏的节奏，清晰响亮的语音，是成功演讲必须具备的特点。在内容安排上，要讲究疏密相间，讲究摇曳多姿的修辞方法的运用，使之形成抑扬顿挫、轻重缓急的情调和气韵波澜起伏，同时还要讲究长短句结合，以及晓畅通俗的口语与精妙优雅的书面语结合，幽默与严肃结合，简洁和反复交替使用。总之，要讲究语言的变化多端，既有波澜，又有起伏，时而轻松，时而严肃，在张弛有度的语言环境中，让喜怒哀怨从内心自然流露，以引起听众的共鸣和响应，从而感染听众。

当你在抒发和表达自己内心情感时，要做到"快而有章法，慢而有条理"；当表达内心的悲哀，或是在思索和回忆某些事情时，讲话的节奏就要放慢些，这样会给听众带来一种深邃感和沧桑感；当你在表达内心的愤怒、激昂、兴奋、迫切等情感时，可以用连珠炮式的演讲节奏，将内心的情绪传递给听众，以期能得到听众的共鸣。

七、设"悬"释"疑"

相传清朝铁齿铜牙的纪晓岚去给一个朝廷命官的母亲祝寿，不但没带礼物，而且去得很晚，当场吟起了他的祝寿诗。第一句是"这个婆娘不是人"，话音刚落，文武百官大惊失色。纪晓岚来了第二句"九天仙女下凡尘"。大家听后转怒为喜，喝彩不迭。接着第三句是"儿孙个个都是贼"。气氛再次紧张起来，第四句是"偷得蟠桃庆寿辰"。众人听罢，纪晓岚再一次获得满堂的喝彩声！短短四句，欲扬先抑，悬念迭生，跌宕起伏，吊足胃口。

那么，什么是悬念？就演讲来说，悬念是指能够唤起听众"穷根究底"的欲望的一种心理活动，这种心理的产生基础是演讲者在演讲过程中设置了能够引起听众强烈关注和急切期待的疑点。古代章回小说中"欲知后事如何，请听下回分解"就是如此。在必要的环节设置悬念，一是为了避免叙事平铺直叙，使演讲波澜起伏，增强演讲的生动性和曲折性；二是为了激活听众"紧张与期待"的心情，牢牢地抓住听众的心，使演讲的情节发展更具有引人入胜的魅力。

悬念的设置不能故弄玄虚，它包括"设悬"与"释悬"两个方面。"设悬"一般可以从两个层面入手，一是提出悬而未决的问题，设置谜面，把听众置于疑问之中，有了疑问，就有急于听下去以解开谜团的欲望；二是利用"悬"而有"念"的心理因素，层层铺垫，使听众产生急切求解的心理。前有"设悬"而后必有"释悬"，通俗来说，就是把"设悬"藏起的谜底，在适当的时候给予点破，拨开密布在听众心头的疑云，让听众获得心理上的满足和艺术上的享受。

演讲中悬念的设置，其方法多种多样，无论是开头、篇中，还是结尾，只要运用方法得当，就能大大地强化听众的视听印象，从而妙趣横生，出奇制胜，但有一点需要注意，无论是哪种方法设置的悬念，都必须扣住演讲主题，使悬念最大限度地发挥其奇功异效，切不可为了制造悬念而故意卖关子，把吊胃口变成倒胃口，这样反而会弄巧成拙。下面一个例子，是一个借助道具设悬的典型案例：

一名美国科学家在演讲时，给听众展示了一张奇特的照片，照片上是一个"怪物"：圆溜溜的大脑袋上长满了尖硬粗壮的"头发"，脸颊、下巴、脖子，甚至鼻子上都布满了稀奇古怪的胡须，眉毛则高高地倒竖着。面对这"怪物"，听众一个个惊讶不已。"这个家伙到底是什么，有谁知道？"科学家一问，台下顿时沸腾。大家众说纷纭，莫衷一是。"请注意，它就在你们的脚底下！"科学家提高嗓门说。这时，台下仿佛"炸开了锅"。可不久，他们都面面相觑，大惑不解："脚下什么也没有呀！""告诉你们吧，这就是加利福尼亚小黑蚁。谁都知道，它们在我们这里无处不在，随时可见，甚至这间屋子里可能就有成百上千！为什么这种小虫在照片上会变成庞然大物呢？这是我们用最新的超高倍摄影机拍摄的！可是，我们的真正目的不是为了拍这种小玩意。请看它'脸蛋'旁边的小东西，又是什么呢？……"

这是美国著名的演讲人阿诺德博士，进行了一次被誉为当今美国最精彩的科普演讲。他为什么要展示照片？照片上究竟是什么"怪物"？为什么说它"在听众的脚下"？一只小蚂蚁怎么会变成庞然大物？一连串的疑问，把枯燥的科学知识从"疑"入手，使听众产生强烈的求解欲望，在很大的程度上激发了听众的视听情绪。

八、临变不乱

由于各种原因，在演讲现场不可避免遭遇到各种突如其来的变故，出现诸如听众注意力不集中、情绪浮躁、会场骚动，或听众对演讲者的语言风格、外在形象评头论足等情况，这些都不利于演讲者自如地发挥。美国成功学家拿破仑·希尔关于心态的重大作用讲过这样一段话："人与人之间只有很小的差异，但是这种很小的差异却造成了巨大的差异！很小的差异就是所具备的心态是积极的还是消极的，巨大的差异就是成功和失败。"为了避免出现听众逆反心理，作为演讲者，必须保持一个良好的心态，镇定自若，临变不乱，处乱不惊，根据不同的情况，采取不同的应变措施，及时予以调整控制。

俄国早期的马克思主义理论家普列汉诺夫有一次在日内瓦发表演讲，当时在场的某些社会革命党人和无政府主义者蓄意骚扰，他们乱吹口哨，吵吵嚷嚷，搅得演讲难以进行。在此情况下，普列汉诺夫十分冷静沉着。他双手交叉在胸前，两眼闪出嘲笑的目光，略微沉默之后，大声说道："如果我们也想用这种武器，同你们斗争的话，我来时就会带着……"他顿了一下，全场听众都十分好奇，不知道他接下来要说什么。看到大家都冷静下来，普列汉诺夫接着说道："一个冷酷性感的美女。"话音一落，会场顿时发出一阵大笑，甚至连反对者也笑了起来。就这样，演讲在新的气氛中又继续进行下去。

一个混乱的场面如此迅速地得到改观，显然得益于普列汉诺夫的控场技巧。

演讲的控场技巧，并非上述所能囊括所有。它们的运用及其效果，也常受各种条件的制约。这就需要演讲者多借鉴他人经验，最重要的是自己多去琢磨和实践。

第四节　服饰及演讲礼仪

一、服饰

对于大多数演讲活动来说，演讲者的穿戴只要干净、大方、整洁就可以了，就能够达到一个演讲者的服饰标准，能够使听众或者观众接受。但是，要严格要求演讲者的服饰标准，就有很多需要注意的地方。演讲者在演讲时须穿正装。正装，顾名思义就是正式场合穿的衣服。传统的正装有西装、中山装、套裙正装。通常来说，演讲的穿戴有以下原则：

（一）三色原则

三色原则简单说来，就是身上的色系不应超过 3 种，很接近的色彩视为同一种。颜色太多会给人一种花里胡哨的感觉。

（二）有领原则

有领原则说的是正装必须是有领的，无领的服装，比如 T 恤，运动衫一类不能成为正装。男士正装中的领通常体现为有领衬衫。

（三）纽扣原则

正装应当是带有纽扣式的服装，拉链服装通常不能称为正装，某些比较庄重的夹克事实上也不能称为正装。

（四）皮带原则

男士的长裤必须是系皮带的，有弹性松紧的运动裤不能称为正装，牛仔裤自然也不算。

（五）皮鞋原则

没有皮鞋的正装绝对算不上正装，运动鞋和布鞋、拖鞋是不能称为正装的。最为经典的正装皮鞋是系带的，不过随着潮流的改变，方便实用的懒式无带皮鞋也逐渐成为主流。

女式正装最常见的就是西服套裙了，与之搭配的衬衫、内衣、鞋子、袜子等颜色不能太艳丽。比如内衣不能颜色过于显眼，鞋子不能选用大红大紫之类的，在正式场合建议女士不要穿凉鞋或者露趾的鞋，如果穿高跟鞋，鞋跟高度 3～4cm 为最宜。

二、演讲礼仪

演讲者在讲话过程中要有较为严格的服饰要求，有经过训练的体态语。除此之外，演讲礼仪也会影响听众的感受，演讲礼仪一般指发声开始之前和发声结束之后的表现。这些表现向听众传递着这样的信息：演讲者是否老练，演讲内容是否可信，演讲者能不能给自己更多的美感等。礼仪是演讲者整体形象和演讲成功的重要部分。

（一）步入演讲场地

演讲者要态度谦和，脚步稳健，大方自如，不论听众是否在注意你，都要面带微笑，用眼神和听众进行友好的交流。切忌左顾右盼或装腔作势，也不宜忸怩畏缩，有失身份。

（二）就座前后

当演讲者与随同者走到座位前时，不应马上坐下，而是要以尊敬的态度主动请大会主席或陪同人员入座，对方肯定会礼貌地恳请演讲者入座，这时双方稍事相让，但不宜过多推让，即可落座。入座时声音要轻，要坐正、坐稳，身体不宜后倾或斜躺，不宜前探后望，不要和台上台下的熟人打招呼，也不要玩弄手指、衣角等。坐下后，如大会主席和听众以掌声向演讲者表示感谢，应立即起立，面向听众，点头敬礼或鞠躬以示感谢。切不可流露出敷衍了事或得意忘形的神态。

（三）介绍之时

当主持人介绍演讲者时，演讲者应自然起立，向主持人点头致意，并向听众呈一定角度鞠躬，或点头微笑，以表示感激之意，切不可稳坐不动或仅仅欠一下身子。

（四）登上讲台

正式登台演讲时，先向主持人点头致谢，然后从容稳健、充满自信、精神饱满、面向前方地走上讲台，在话筒旁或话筒后面对听众站立，然后郑重地向听众鞠躬或敬礼。鞠躬的角度一般不要超过45°，除腰部下弯外，其他部位不动。除严肃的场合，演讲者都应面露微笑，并用目光环视全场，表示友好地打招呼。站稳后不要急于开口，而是要深吸一口气后，再开始演讲。

（五）走下讲台

演讲结束，说"谢谢"或"我的演讲结束了，谢谢大家"的同时，应面带微笑。然后向听众鞠躬或敬礼，再向主持人致意一下后，从容不迫面朝前方地走回原座。下台时切不可过于匆忙，显出羞怯失意之神态，也不可摆出洋洋得意、满不在乎的样子。

（六）离开演讲场地

演讲结束后，主持人或单位负责人陪同演讲者走出会场时，听众常常会出于礼节而鼓掌欢送。这时，演讲者更应谦逊谨慎，面带微笑，自然、得体地用鼓掌或招手和频频点头的方式，向听众表示诚挚的谢意，直至走出会场为止。切忌心不在焉，无动于衷。

总之，演讲活动是一种高层次的社交活动，演讲者一定要全面了解和掌握礼仪要求，时时处处注意自己的一言一行、一举一动，要给人一种谦虚谨慎、彬彬有礼、大方自如的印象，这样才不会因为缺乏风度和礼仪而影响演讲的整体效果。

第三章　写作技巧

写作和口才一样都是思维的逻辑表达。会说话的人被认为是有口才，有口才的人不一定会写，但会写作的人会被认为是有思想和有水平。因此，作为现代大学生，特别是 IT 工程相关专业的学生一定要学会写作语言的表达。因为，写作是大学生职业素养的一个核心技能和必须掌握的能力。同时，要用到写作的地方太多，如工作计划、总结、活动方案、工作报告、项目计划、调研报告、论文以及新闻通讯等。有的需要我们深入掌握，有的则只需要我们了解。

第一节　写作概述

一、为什么要强化写作技能

1. 信息化时代写作是一项最基本的沟通技能

当今社会是新媒体蓬勃发展的时代，微博、微信、QQ 空间、知乎等社交和信息平台越来越受到广大青年的喜爱，这些新媒体主要是以文字、图片、视频、VR 技术等多媒体手段为媒介。新媒体应用非常广泛，如单位微信公众号、个人微信平台。如何宣传个人和单位的品牌呢？那就是持续地发布和宣传属于自己的特色，而在这个过程中，文字的表达具有不可替代性，具有点亮之笔的重要作用。社会不管如何发展，文字的表达始终不会过时，而且越来越重要。我也始终相信文字是有力量的。因此，每一个大学生都应该把写作当作综合素养中的一个重要技能，当作交流沟通和表达自己观点、思想的重要手段，更是自己著书立说、形成一定研究成果的基础。

2. 科学时代写作是生产和科学实验必不可少的重要工具

这里主要指的是应用文书的写作和科研论文的写作。就应用文书而言有很多，大到如工作计划，小到如收条、借条、证明等，作为一个大学生虽然不一定从事文秘或办公室工作，但一定清楚和知晓基本应用文的撰写方法和技巧，以便不时之需。科研论文，主要有毕业论文、课程论文、发表的期刊论文等。要想自己的专业水平和学术素养能够不断提高，就要通过不断写作和撰写大量的科研论文来实现。在经常性的写作中增强自己书面语言的表达能力、逻辑思维能力以及分析问题和解决问题的能力。

3. 日常生活中写作是表达思想、抒发情感的载体

马克思主义关于人的本质的思想告诉我们：人是社会关系的总和，人是不可能离群索居的。人总是要与别人交流情感和交换意见的。交换和交流的方法有很多，如电话、视频、面对面等方式。但有时候总要用书信、文章、散文、诗歌甚至公开文章等形式来表达，也就离不开写作即写文章了。工作中，还要用到工作总结、工作报告、请示、通知、证明、函复、活动方案、调研报告等。因此，加强生活和工作中的写作水平和能力是大学生一项基本能力，应该加以重视和训练。

二、写作的本质和提高途径

计算机相关专业的学生都学过冯·诺依曼的计算机组成结构和程序、存储原理。大家知道计算机由输入、输出、存储器、控制器和运算器五部分组成。其实写文章跟计算机有些类似，都要依靠大量的输入（阅读）和大脑的运算（思维）才能有输出（写作）。输入得越多、资料越丰富和翔实，经过大脑处理之后形成的观点也更丰富和充分，从而输出（写作）时才会有"读书破万卷，下笔如有神"的感觉。再说得具体一些，写作就是资料的占有和观点的论证。资料的占有是基础工作，是低级劳动；观点的论证是思维层面的工作，是高级劳动。人不可能一下就到高级劳动层面，总是从低级劳动中不断总结提高才能走向高级劳动。

1. 提升输入的数量

刚才谈到输入的形式有很多，用眼睛看的有书籍、报纸、微信公众号文章、杂志、论文、文献资料；用耳朵听的有交流、广播、电视、网络广播等，同时还有实地调研、走访、考察等多种形式。因此学习的方式有很多，只有量的累积和大量资料的占有，才有可能获得全面的信息，才有可能对该领域进行深入挖掘。也只有"深挖井"，才有可能在本领域有深入的见解和独到的观点，写出与众不同的文章，也就是深入的研究。马克思在撰写资本论前，阅读了大量的文献，并在实际的社会生活中做了大量的调研。在他阅读过的书籍中，有记载的记录就已达到1500多本，撰写的读书笔记有150多本，达400多万字。可见，要想写出好文章，一定要做到详细地搜集和占有相关领域的资料，加以批判地阅读和分析。曹雪芹在《红楼梦》里也强调"世事洞明皆学问，人情练达即文章"，也就是要做到熟悉生活和生产实际，同时要不断积累知识材料。

2. 提升输入的质量

鲁迅先生提倡去粗取精、去伪存真的学习技巧。我们要提高阅读的质量，要想提高阅读的质量无疑要从阅读源头开始，那就是学习经典书籍。经典书籍经过了时间和空间的检验，得到了历史的认同和人们的认可，具有鲜明的观点。学习经典书籍，首先要从挑选书籍上下功夫，比如，可以通过评论和阅读量以及推荐度等相关指标来辨别。其次，不要花时间阅读不重要的书籍或者垃圾信息，它会占用大量的时间和精力，但又没有什么效果。现代人习惯碎片式的学习方式，但是不要被不重要或者五花八门的娱乐信息占据时间，如微信和微博中大量的负面信息和不重要的信息太多，很容易让人分神或形成负面影响。

3. 提升输入的效果

三毛曾经说过："书读多，容颜自然改变。"沈从文也说过："读书是让我们变得高贵的最好途径。"因此，读书对我们来说是一件非常重要的事情，要把它变成生活甚至生命的一部分。全世界年平均读书最多的国家是以色列，平均每人60多本，而我们中国人的阅读量不到5本。但阅读量的多少不是目的，吸收和消化才是最重要的，同时应用知识和信息才是我们的终极目标。因此，读书一定要有方法和技巧。为什么有的人经常读却经常忘记呢？应该怎样做呢？其实也简单：一是要精读和细读，读的过程中要做读书笔记，摘抄关键词句，以帮助记忆，隔一段时间还要再次阅读以加深印象。二是要带着问题阅读，同时在阅读的过程中要多思、多想，多问几个什么。读书的方法和技巧还有许多，每个人适用的方法也不一定相同，这需要根据自己的习惯确定，但有一点，只要确定要读的书，一定要在规定时间内完成并消化吸收成自己的东西，最有效的办法就是你看完一本书或一个章节，用自己的话讲出来或复述出核心要义。

三、写好文章的要素

（一）主题

所谓文章的主题，就是作者在说明问题、发表主张或反映生活现象时，通过全文内容表达出来的某一基本观点或中心思想。写文章都是有目的的，或是为了宣传或者表达某一个观点甚至是思想，或是为了去影响他人的思想或者行动。各类学生活动往往都有一个主题，有了主题活动才会有魂，才会有鲜明的特征。写文章也是一样，也要有一个主题。因为，主题就是中心思想，或者叫中心论点，有主题，文章才能达到赞扬什么、表达什么、不赞成什么或者是反对什么的目的。

1. 主题的意义

一篇文章质量的高低除了要表达清楚和遣词造句准确外，还要看是否符合正确的主题和价值取向。前面我们谈过要有大量材料的收集，才能取得翔实的素材，才能为写好文章奠定基础。但是如果文章缺少鲜明的主题，拥有再多的材料也是枉然。主题不突出，中心思想就不明确，文章就显得暗淡无光。因此，主题是文章的灵魂和核心。

主题、结构、材料、语言等因素决定文章质量的高低，但关键是主题。主题相当于文章的立意，立意就是中心思想，有了立意就相当于公司有了总经理、军队有了总司令、学校有了校长。古人有"决在笔先"的主张和提法，也就是说在下笔写文章之前，一定要先确定文章的立意和中心思想，肩负着"总负责人"的作用。

2. 主题的提炼

一篇文章若没有提炼，那就只是文字的堆砌，显得不够精练，毫无可读性，没有文风之美。就好比原野中的各种矿石，若不经挑选，就不能加工成有用的零件，更谈不上精美的工艺品。因此，提炼文章的主题就是一个去粗取精的过程，这也是一个思维的过程，属于高级劳动的范畴。

提炼主题就是要抓住事物的本质和特征。本质是客观事物的反映，特征是个性的体现。只有经过深入的观察和仔细的研究才能抓住事物的本质和发现事物的个性。因此，在写作过程中对主题的提炼也是一个思维运动变化的过程。具体方法是：一是语句要精练。二是用词要准确。三是词性要符合意境和文章主题。

（二）材料

有了明确的主题和写作方向后，接下来就应该收集大量的素材，也即占有大量的材料。材料的占有形式很多，一是撰写人本身具有渊博的知识和丰富翔实的数据，略加思考和谋篇布局之后，提笔就能完成书写。二是要根据主题和内容收集大量的资料，在庞大的资料信息中进行甄别和筛选，整理出有用且符合主题的素材，最后对这些素材进行加工处理，用于各章节内容中，或作案例，或作数据支撑。因此，资料的占有是第一位的，是基础。比如，为什么撰写论文前要求作者阅读本领域里大量的文献综述呢？因为只有阅读了本研究领域里的权威观点和有一定深度的论文后，你才有一定的理论基础和积淀，才能在此基础上发现存在的不足和能有突破的切入点。如若不然，研究和提出的观点就有一定的局限性，站位就显得不高，对该领域的研究就不够深入和专业。

1. 材料占有的重要意义

（1）**材料是形成观点的基础。**写文章都是要反映一定的思想或观点，文章都是源于现实生活的，是现实生活的真实写照和升华。因此，文章不能脱离现实生活。但仅仅是现实生活的文章又不会那么生动和有思想性。因此，总要通过收集一定的反映现实生活的材料之后，经过人们的提炼和按照一定的逻辑顺序安排，加工成具有一定思想和理论的东西，通过一定的语言表述出来。

（2）**材料是形成主题的支柱。**说话办事或者讲理评估下结论的时候，我们总喜欢用讲事实、说道理的形式。这里的事实就是材料的占有，也就是要举例，道理就是观点。观点靠事实来支撑，不然就是空架子，是没有说服力的。事实靠道理来表述，没有一定的道理又显得理论不足。因此，材料的占有，也即事实的占有显得十分重要，是整个文章的支柱。

2. 获取材料的主要途径

现代社会是信息社会，互联网的普及和广泛使用让每一个人都能在极短时间内获取以往数倍的信息。"一机在手什么都会有"的时代来临，实现了古代"秀才不出门，尽知天下事"的梦想。获取信息的方式数不胜数、应有尽有，现介绍几种常用的：

（1）**调查研究。**在研究和写作过程中，有一个重要环节就是调查，调查有很多种方式，有实地走访调查，有座谈调查，还有问卷调查等多种形式。调查法是获得第一手资料的重要手段，在材料的占有中有着重要作用。没有调查就没有发言权。可见，调查研究的重要性。

（2）**信息检索。**当前信息检索的方式比较多，如论文检查方面有世界三大文献检索数据库。三大检索指的是：SCI（科学引文索引）、EI（工程索引）、ISTP（科技会议录索引），是世界著名的三大科技文献检索系统，是国际公认的进行科学统计与科学评价的主要检索工具，其中以 SCI 最为重要。国内几大检索收录数据库分别是维普、万方、中国期刊网（或称中国知网、CNKI）、百度学术以及各种硕博论文库。检索的方式有关键词、作者、书名、单位等。

（3）**观察体验。**鲁迅先生曾说过："留心各种各样的事情，多看看，对于任何事物，都要观察准确、透彻，才好下笔。"这充分说明观察对于写作的重要性。观察事物时精力一定要集中，因为只有精力集中才能发挥耳目五官的效果和作用。所谓"心不在焉，难成一事"。因此一定要耐心细致、精确，同时在观察事物时要运用辩证思维，将事物的现象和本质、状态和原因以及过去和将来等进行深入思考和细致分析。观察得多了，也就有了一定的经验和积累。

只有积累多了才会下笔有神，所谓"读书破万卷，下笔如有神"。只有多读书、多观察、多学习才能积累一定的知识量，才会出口成章、文笔流畅，信手拈来。

3．遴选材料的三个步骤

（1）**收集**。写作是一个系统的思维过程，在于对基础材料的加工和整理，按照一定的逻辑顺序和思想观点进行表述。那么当确定了中心思想或写作主题之后，就要收集大量的素材。收集的材料越多越好，只有收集得多，才有可能更加全面地了解事物的本质。"任何质量都表现为一定的数量，没有一定的数量也就没有一定的质量。"因此，不管写作什么主题的文章，都要尽力收集资料和素材。既要收集背景资料，也要收集现实资料；既要收集宏观综述材料，也要收集微观具体材料；既要收集直接材料，也要收集间接材料，同时还要收集正反等多方面的材料。

（2）**甄别**。即使收集的材料再多，不加以鉴别和筛选，也是没有价值和意义的。因此，我们收集了一定数量的材料之后就要进行甄别和遴选。甄别和遴选材料的原则就是看素材是否与我们的主题相关，涉及的数据和事实是否有用，是否有代表性。只要做到了以上三点就做好了甄别工作。

（3）**使用**。前面所做的一切工作都是为了材料的使用，使用才是目的。材料使用的关键在于灵活运用和恰如其分地表达。当然在使用之前，也即写作之前把材料做适当整理和编排是很有必要的，如以时间为序进行材料安排，以表现主题的重要性和紧密性进行梳理等。总之，要恰如其分地进行安排和撰写，使其详略得当、浓淡相宜。使用的另外一个技能，即作者的文字驾驭能力，主要体现为遣词造句、描写叙述、润色理顺等，这既是基本功也是技术活儿。

（三）结构

建筑物能够屹立千年不倒，除了夯实的地基以外，就是房屋的结构在起主要作用。一篇文章也是如此，要有好的结构才能展现文章的主体思想和表达主题，也即谋篇布局要到位。任何一件事情都有它的前因后果和来龙去脉，都有相关事物的联系性和特殊性。说不清楚，往往是因为思路不清楚。思路不清楚，往往也写不流畅。所以，只有思路清晰，才能清楚地表达；只有思想周密，文章结构才能严谨。可见，文章的结构取决于作者的思路。一般写作时采用拟定提纲的方式来搭建结构，同时还要注意到以下几点：

1．文章的结构要与文章的主题和中心思想相匹配

写文章总要达到一个目的，阐述一个观点，突出一个中心思想。为更好地表

现主题，文章在开头、过渡、高潮、结尾等方面的安排和设计都要根据主题而定。怎样处理呢？就是要做到层次清楚、段落分明、详略得当。毕竟主题才是一篇文章的灵魂。

2. 文章的结构要突出事物的内在联系和客观规律

要说清楚事物的内在联系和客观规律，就要讲清楚事物的本质，就要从是什么、为什么、怎么样三方面来进行表述，同时要按照一定的逻辑顺序即提出问题——分析问题——解决问题来说清楚事物之间的相互关系，以及找出事物最具有本质的特征。

3. 文章的结构要适应和满足于不同的体裁

不同的体裁，有不同的结构，文章并不是千篇一律的。如诗歌是分行分节的，结构层次讲究起承转合。小说以讲故事为主，讲究情节冲突和人物塑造，结构安排具有多样性。议论文不一样，讲求问题导向，存在什么问题、如何解决问题等结构思路；在充分掌握材料的基础上，以论证为主。在论证中通常是先引入一个观点 A，再通过观点 A 引出 B，接着说明 A 和 B 的关系及联系，最后得出结论 C。因此，体裁就决定了文章的结构。

（四）语言

高尔基在《和青年作家谈话》一文中讲道："语言是文学的主要工具。"准确而熟练地掌握这个表情达意的工具，不仅对作家有着重要意义，而且对每一个学习写文章的人来说，都是提高文章思想质量和艺术质量的突破口。

1. 语言表达的原理

一个人要表达自己的思想，有两种非常重要的方式和途径，一是说话或者演讲；二是通过写作。语言文字是思维的载体，通过话语或者文字表述的过程，也即梳理自己思维，提升逻辑思维能力的过程。因此，只有思风发于胸臆，言泉才能流于唇齿。所以，不论是口头表达还是书面写作，都会受到思想的领导和制约。

（1）**清晰**。清晰和明确的语句总让人感到坚定和果断。但有的语句读起来却不是那么明晰，甚至还不通顺，其主要原因是文章的思路没有理顺和思想性不够。再具体而言是作者对叙述或描述的事情没有做到充分的了解、没有将事物理解透彻，没有将所阐述的道理吃透。因此，一定要将事物理解透彻、思路理顺，做到清晰和思想明确，自然就能写清楚。

（2）**深度**。没有将事物理解到一定的程度，其实也不能写出有深度的文章。所谓"广积粮、深挖沟"就是说要做到广泛地积累，同时要练好内功。也即要深入地研究，其主要还是在思想和认识层面，所谓思想的深度决定语言的丰富程度。思想开阔的人，其语言蕴含的信息和内容就多。因此，要加强对事物的认识和理解，只有深入的研究才会有深入的理解和透彻的认识。

（3）**新意**。文章不能千篇一律，不能总是一个模样，不然读者就没有兴趣。如有人描写春天总会用到万物复苏、大地一片绿色和春意盎然等词汇。要想文章有新意就一定要做到有真实的感受，要有真切的体会和见解，找到不同的视角和切入点，然后再写出文字，才能给人以新的感受。说到底真情实感是基础，思想性是核心。因此，高深的思想、精辟的语言和新颖的视角加在一起，就是一篇非常好的文章，一篇受读者喜爱的文章。

2．语言表达要准确

准确才能传递正面的信息和有价值的信息。因此，准确地表达是写好文章的基础。那么怎样才能准确用词呢？首先要对事物有深入的了解和真实的情感。其次要做到精确用词、合乎语法。只要做到这两个方面就基本上可以达到准确语言的要求。同时还要注意到以下几个方面：

（1）**反复推敲**。反复推敲，体现的是用词的精确性。因为只有描述事物最本质和最有语意的词语才能让读者有身临其境的效果，才能起到文章是客观事物的反映的作用。法国著名作家福楼拜说："世界上没有两个完全相同的沙子，没有两只完全相同的苍蝇，没有完全相同的两双手掌，没有完全相同的两个鼻子。"因此，我们不论描写什么事物，要表现它唯有一个名词；要描写动作，唯有一个动词；要描写性质，唯有一个形容词。

（2）**辨析词义**。要想用词准确，还得注意词的含义。一字之差，往往是千里之别。如反应和反映，察觉和察觉，搜集和收集等都是不一样的，用在不同的语句里效果却不一样。

（3）**区别色彩**。用词的准确性还体现在词语的感情色彩上，如看这个成语或词是褒义的还是贬义的，是轻还是重，不同的词语所体现的分量是不一样的，描述的程度是不一样的。

（4）**符合语法**。语法即词的构成方法，通俗地说就是大家的说话习惯，也即规则。掌握了话语的习惯，加上一定的逻辑顺序，就可以很好地表现思想，将文字变成可以理解的东西。具体方法：一是写作时句子成分要完整，句子完整就要有主谓宾等主干，同时还要考虑枝叶即定状补。二是搭配要合理，即词语与词语之间，句子与句子之间的搭配要符合逻辑和顺序。

3. 语言表达要精练

精练是对写作最基本的要求，就是要做到精准而文字要少，并非文字越多越好。能用一句话说清楚，决不用两句话来描述，不要累赘和啰唆。表达清楚，表达到位，表达透彻即可。

4. 语言表达要生动

生动即要求文章的形象性，让人有一种身临其境的感觉，好像自己感知到、体会到、察觉到，也就是文字要有美感和意境。

（五）标题

现代人看新闻或者浏览网页往往是先看标题，也就是题目。其主要目的是确认是不是自己喜欢的内容，如果是自己喜欢的或者关注的，才会有看下去的想法，不然就不会再往下看。因此，每篇文章的标题或者题目就显得十分关键。如在论文发表和课题申报时，往往评审编辑只看标题和摘要，如果标题够新颖且符合期刊的需要，那么就会审核摘要。摘要内容符合要求后，才会去看文章的结构，也就是每部分的一二级标题，继而看全文。可见，文章是分层阅读和审阅的，在分层阅读的过程中标题起到了核心作用。那如何撰写一个高质量又吸引眼球的标题呢？

1. 题目是内容的高度概括和凝练

前面谈过，一篇文章中最重要的是主题，也即中心思想，但主题往往要读者阅读之后才会知晓。而文章的题目只需要读者一眼，即扫过便知。因此，题目（标题）是文章的第一印象，第一印象有着重要作用。若第一印象不好，再好的文章都不可能会吸引读者和观众。因此，每一个作者必须把题目起好。

2. 题目决定浏览量、转载率和下载率

互联网时代，到处都是微信公众号，根本不缺内容，即不缺少文章。但要想让微信公众号有一定的影响力，就必须让文章活跃起来，就要有人去阅读、点击和转载。知网下载率比较高的文章往往是文章的标题吸引人，直接点题或者是能够让人一眼就知道这篇文章是研究什么、解决什么的。那么要达到以上效果，就必须有一个好的题目或者好的标题。因此，题目决定"生死"和"命运"。

3. 取好标题或题目的技巧

起标题是有一定的技巧和原则的，主要是以调动读者的好奇心和心理情绪最为关键。在这个原理的基础之上也要看是写什么文章，如新闻、论文或者是汇

报、交流、发言稿等各有侧重点和倾向性。如果是应用文则基本上属于固定格式，几乎没有发挥的空间。但如果是网文，自由而灵活，发挥的空间都很大。下面主要以网文为例说明起好题目的技巧：一是共鸣性，共鸣有多方面的，如理念和价值方面的共鸣，作者替你说出你心里想说而没有说出口的话，引起强烈的共鸣，读者都愿意接受自己认同和喜好的内容，这本身也是对自己理念和价值的一种认同，这样的标题往往能够有很好的点击量。二是好奇心，标题带有强烈的可读欲望。三是突出危害和负面，人天生有追求美好事物的心理，但在一般状态下人们会情不自禁地去看负面信息。四是突出需求性，这类题目主要是针对一些现象和人们的需求及时做出的回应，如《大学生如何在毕业即获得工作经验》《年薪十万，如何在大学毕业时就做到》《大学生求职技巧与经验 50 谈》等。

（六）文章的修改

俗话说，好文笔是练出来的，好文章是修改出来的。一般来说文章写好了要经过多次修改，甚至要放一段时间之后才能把文章写好。杜甫曾经说过："语不惊人死不休。"在反复打磨和细致推敲的过程中，不断凝练使之成为精品。在修改的过程中主要涉及增加、删除、改动、调整等方面，但不仅仅是这些方面，还有主题的变动、观点的修改、内容的增删、结构的调整以及语言的润色等方面。由于我们不是教授具体的写作课，这些内容就不在此处赘述。文章要不断地修改和打磨，并非一蹴而就。

第二节　论文写作

按照人才培养的要求，本科学生应掌握基本的论文写作技巧与方法，能够根据在校所学知识，结合生产实际提出解决问题的办法和思路并开展一定的科学研究，为进一步开展科学研究和训练学术思维奠定基础。

不仅如此，论文还将贯穿从事专业技术岗位从业人员的一生，如专业技术岗位从最低级的十二级到最高级阶段，学术领域的创新和重大贡献的最直接的证明是论文和发明专利。因此，论文，特别是科研论文将伴随专业技术人员的一生。有的同学，甚至个别刚出来的教师不太重视论文写作训练和积极写作，难免影响自己的后续发展和成长。迟早要做的事情，早晚要过的关，不如早点去做，早点去完成。因为，对于学生而言，论文不合格直接影响是否能按时毕业；对于教师而言，论文质量不佳直接影响是否能被杂志社录用。本节将对论文的写作做一些基本的介绍。

一、如何选题和取好题目

选题对于整个论文的重要性占到 70% 以上，选题意味着选择方向和选择研究内容。那么这个方向和研究点是否有价值和意义，是否具有前瞻性，是否是当今生产实际的热点和难点，能否在前人的研究基础之上提出不同的见解和解决的措施等，诸如这类问题都是通过选题来反映的。据论文审稿编辑和科研项目评审专家意见：一般而言初次审核的第一步就是看题目，看题目是否新颖，是否有价值和意义，是否符合现实需要。只有题目满意，才会看下文。那么如何选好题目呢？

（一）问题导向是选题的原则

发现问题和解决问题本身就是科学研究的基本内容。那如何发现问题呢？恐怕只有深入地了解所研究的领域，才能获得基本的认识和体会，才能发现问题的本质，提出解决问题的思路。同时，这个问题别人有没有发现呢？别人有没有做过研究呢？这需要翻阅大量的资料和查询文献才能得出结论。一般而言，一篇论文解决一个问题比较合适，当然要解决这个问题还要做出系统的分析，如背景、发展情况、存在问题、提出解决问题的思路和措施以及具体的参考和数据等。因此，聚焦问题与选好主题是科学研究的第一步。

（二）如何获得选题来源

获得论文的选题方式很多：一是根据会议政策和热词来选题，一般中央召开重大会议都有重要领导人的讲话，会后都有公告和文件发布，这些讲话和文件为我们研究提供了遵循。如党的十九大报告中将不忘初心、牢记使命作为主题，后续很多社会科学研究者根据这一主题做了深入的研究和发表了不同的见解；如新时代、乡村振兴、美好生活、人民等这些热词，也成为众多选题的研究来源。二是在工作实际中选题，在学习工作领域留心观察和不断总结思考会发现诸多需要加强和形成理论成果的领域，往往是问题导向和经验总结的结合。三是在看热点和文献检索中获得，在检索热度搜索和文献资料中，如长期阅读某一领域和方向的学术期刊，从别人的研究中总结出自己的研究方向和选题方向。在选定选题后，一定要有自己持续的研究方向，并深入地挖掘下去，才能有一定的成果。如笔者一同事将研究"中国故事"作为自己的研究方向，几年下来申报了如何讲好"中国故事"和与"中国故事"相关的文章。

（三）如何给论文起一个好看的名字

前面也讲到了题目的重要性，一个平淡无奇的题目是不可能引起关注的。问题就像一个头，而题目则是帽子。给问题戴一项帽子，这个题目就显得好看多了。题目也是敲门砖，更是统帅者，就像面试一样是初审的必经之路。因此，起一个吸引眼球、符合事实、反映问题、突出科学研究的论文或项目题目是每一个论文写作者都应该追求的目标。

二、如何使用文献

（一）何为文献

文献是通过一定的方法和手段、运用一定的意义表达和记录体系记录在一定载体的有历史价值和研究价值的知识，指有历史价值或参考价值的用书资料。文献的基本要素是：一是有历史价值和研究价值的知识。二是有一定的载体。三是有一定的方法和手段。四是有一定的意义表达和记录体系。人们通常理解的文献是指图书、期刊、典章所记录的知识的总和。文献是记录、积累、传播和继承知识的最有效手段，是人类社会活动中获取情报的最基本、最主要的来源，也是交流传播情报的最基本手段。

（二）如何查找文献

查找文献的方式有许多，如在图书馆查阅资料、在互联网专门网站搜索信息、在数据库里搜索期刊论文等。速度和效率较快的和一般研究者常用的是在数据库平台里搜索期刊论文。下面介绍国内外常用的几个文献检索收录数据库。

1．国内外常用文献检索

（1）SCI。SCI 是 Science Citation Index 科学引文索引的简称，是由美国科学信息研究所于 1961 年创办出版的引文数据库，收录和覆盖的学科领域主要集中在自然科学领域，主要有生命科学、临床医学、物理化学、农业学、生物学、兽医学、工程技术等方面。论文能够被 SCI 收录反映了有较高的学术水平。SCI 是目前国际上三大检索系统中最著名的一种。

（2）EI。EI 是 The Engineering Index 工程索引的简称，是由美国工程信息公司于 1884 年创办的工程技术类综合性检索工具。收录文献涉及动力、电工、电子、自动控制、矿冶、金属工艺、机械制造、土建、水利等工程技术的各个领域。具有综合性强、资料来源广、地理覆盖面广、报道量大、报道质量高、权威性强等特点。

（3）ISTP。ISTP 是 Index to Scientific & Technical Proceedings 科技会议录索引的简称，由美国科学情报研究所于 1978 年创刊出版。该索引收录生命科学、物理与化学科学、农业学、生物学和环境科学、工程技术和应用科学等学科的会议文献，包括一般性会议、座谈会、研究会、讨论会、发表会等。其中工程技术与应用科学类文献约占 35%，其他涉及学科基本与 SCI 相同。ISTP 收录论文的多少与科技人员参加的重要国际学术会议多少或提交、发表论文的多少有关。我国科技人员在国外举办的国际会议上发表的论文占被收录论文总数的 64.44%。

（4）CSSCI。CSSCI 是 Chinese Social Sciences Citation Index 中文社会科学引文索引的简称。它是由南京大学中国社会科学研究评价中心开发研制的数据库，用来检索中文社会科学领域的论文收录和文献被引用情况。主要收录包括法学、管理学、经济学、历史学、政治学等在内的 25 大类的 500 多种学术期刊，来源文献 100 余万篇，引文文献 600 余万篇。

除南大核心期刊收录以外，还有北大核心收录期刊，是北京大学图书馆联合众多学术界权威专家鉴定，国内几所大学的图书馆根据期刊的引文率、转载率、文摘率等指标确定的，除南大核心、中国科学引文数据库（CSCD）以外学术影响力最权威的一种。

2．如何查找文献资料

常用中文数据库有中国知网、维普、人大复印资料等 20 多种，如图 3-1 所示。常用的英文数据库如图 3-2 所示。除此之外还有某些专业领域的数据库，如软件著作权、专利查询等。

图3-1　常用中文数据检索

图3-2 常用英文数据检索

检索分很多种形式，如关键词、主题、摘要、作者和单位等。输入的关键字不同，组合不同，检索出来的效果也不尽相同。具体操作方法是在浏览器的地址栏中输入网址 http://www.cnki.net/，即可进入中国知网的主页，点击学术期刊即可，如图 3-3 所示。

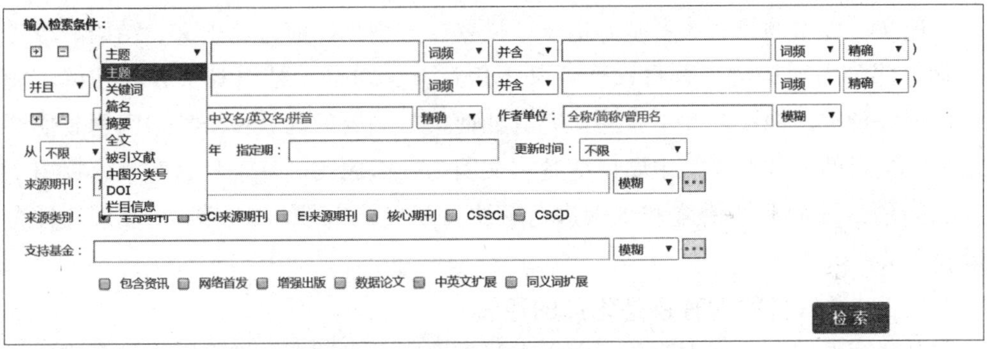

图3-3 常用论文检索条件及查询方式（中国知网）

（三）如何读对文献

1. 经典的原著

没有理论作支撑的论文，大多是经验的总结或过程的描述，不仅科学价值低，而且理论高度也比较低。只有将理论知识融入论文中，才能更好地指导社会实践活动，提高其科学性，同时提升文章的高度。阅读原著，特别是恒久不衰的经典原著更具有理论价值和科学性。因为只有阅读原著才能更直接地了解作者的思想和语境，才能更好地理解其提出的观点和思路。如从事思想政治教育研究的人，就不得不阅读《马克思恩格斯选集》《马克思主义基本原理》《思想政治教育》等著作。

2. 权威的作者

如果要提出新的观点，一定是站在前人的肩膀上，只有熟悉和了解了前辈的研究成果，才能更好地提出自己的观点。因此，不管是哪一个领域，一定要阅读权威作者的论文或著作。如该领域的大咖、知名专家等，从他们的引用率和下载率即可看出关注度。

3. 高级别期刊

高级别的期刊代表了该领域和学术方向最新和最前沿的成果，只有阅读期刊的级别越高，越能帮助和指引自己写出更高质量的论文。如国内有 A 类、B 类和 C 类等级别的期刊。国外 SCI 一般根据学科和影响因子的不同进行收录和区分，影响因子在每个学科前 10% 的属一区；影响因子在 20%~30% 以内的属二区，影响因子在 50% 以上的属于三区。

三、论文的格式与撰写技巧

（一）论文的结构

论文一般由题目、作者基本信息、摘要、关键词、前言、正文、结语、参考文献等部分内容构成。题目、作者基本信息、关键词、结语等很容易理解，摘要也很好理解，但写好却不容易，究竟如何撰写摘要的确是一个技术问题。摘要是一篇文章的大体概要，主要说清楚本文因为什么原因、基于什么背景，提出了什么问题，采取哪些措施和步骤进行解决，研究的问题将带来哪些成果和社会效益。

（二）是材料的占有还是论证的逻辑

公文写作用官方话语体系，而学术写作要用学术词汇和学术思维进行描述，在不同的场合一定要用不同的语言体系进行表述。

为什么我们的论文写出来更像是工作总结，而不是一篇学术论文呢？论文由两个重要的因素构成，一个是材料的占有，另一个是论证。材料占有是技术活动，而论证属于思维活动，论文要有一定的理论和逻辑的论证，论证更要求我们在占有材料的基础之上进行提炼总结和学术升华，将是什么、为什么、怎么样以及三者之间的逻辑关系用学术的语言和思维按照一定的逻辑和顺序进行充分的论证。只有把握事物的特质，做到认识深刻，经过反复地训练才能形成一定的理论思维。理论思维的养成在于理论的批判，只有在批判中才能孕育出创新。马克思的一生是充满斗争和批判的一生，他以文字为武器，撰写了大量的批判文章，如《黑格尔法哲学批判》《神圣家族，对批判的批判所作的批判》《政治经济学批判》《资本论——政治经济学批判》。批判既是反思自己和过去，也是反对权威和错误。

（三）论文的修改与重复率查询

好文笔是练出来的，好文章是改出来的。一篇论文经过多次修改是不可避免的，少则 3~4 次，多则十几次，甚至二十几次都是有可能的。一般一篇文章写好了之后要放一段时间，再去阅读时就会有新的发现。修改什么呢？一是基础修改，有没有错别字、语句是否通顺、语言是否精练、语句是否符合逻辑、数据使用是否准确等。二是修改论点和论证，文章结构是否合理，详略安排是否妥当；论点是否鲜明，论证是否充分，逻辑性和条理性是否正确，支撑度是否达到要求等。三是再一次审视论文描述的研究对象是否明确；引用的原理和观点是否能正面支撑；研究的方法是否得当；通过研究得出的结论和措施是否合理和客观等。

修改好论文之后一般都要进行复制率的查证。一般正规的期刊都要求复制率在 20% 以内，且复制的内容要在参考文献中注明和标清，以说明是引用了别人的话语和内容。一般而言论文都要有一定的引文，以借他人特别是名人大家的观点提升自己的观点和文章的高度。复制率查询机构比较多，一般以中国知网和万方数据库较为常用，且费用较为合适。

四、论文的发表

完成论文写作、检查无误后，就要着手安排投稿。因为，只有公开发表之后的论文才有一定的应用价值和参考意义。

目前期刊和论文市场的大环境不太好，究其原因，主要是由于当前发表量太大，期刊数和论文需求量又太少。高质量的论文相对就更少。因此，论文发表的周期长、费用高的现象就显现出来。但只要文章质量有保证，通过正规渠道还是可以顺利地发表论文的。

1. 选择期刊，投其所好

在选择研究方向、选题时就要尽量与期刊、栏目以及其研究方向相吻合，尽量做到两者兼顾。如果只顾自己的研究方向和学术领域，而没有多观察和阅读当前学术领域的栏目热点以及选题要求，则很难发表成功。反之，锁定几个选题相关的期刊，研究它的栏目特点和论文发表风格以及版式等，根据发表要求进行比对加工，再投稿则容易成功。有的期刊要求纸质稿和电子稿同时寄送；有的期刊是在线投稿，只要填写相关信息将论文以附件形式发送或者直接在线复制即可。

2. 加强联系，不断跟踪

通过邮件或者在线投稿的论文，一般过一段时间后要主动联系编辑部是否有收到论文，是否有进入论文审核程序等。如果自己不问，就不知道论文是否投递成功，是否进入审稿流程中。确认自己论文的录用情况之后就可以开展下一阶段的工作了，若没有被录用可以再投其他期刊。

第三节　新闻稿与通讯类文章写作

一、新闻

新闻也称消息，是对新近已经发生和正在发生或者早已发生却是新近发现的有价值事实的及时报道。根据定义，可以归纳出新闻的基本特征：真实性、新鲜性、传播性和价值性。

按照新闻事实发生的地域和范围来划分，分为国际新闻和国内新闻；按照新闻传播的手段来划分，分为口头新闻、文字新闻、广播新闻和电视新闻；按写作特点来划分，分为简明新闻、动态新闻、综合新闻、经验新闻、述评性新闻、人物新闻、特写性新闻和新闻公报等。

（一）新闻的结构与写法

新闻的结构一般由标题、导语、主体、背景和结尾五部分组成。

1. 标题

新闻的标题一般由引题（又称肩题、眉题）、主题（又称主标题、正题、母题）、副题（又称子题）构成。这三种题目的组合有完全式标题、引主式标题、主副式标题、主题式标题四种形式。新闻标题写作要求准确、鲜明、凝练和生动。

2. 导语

导语是以简练生动的文字介绍新闻事件中最重要的内容，揭示消息主题，引起读者兴趣的开头部分。开头往往冠以"本报讯""本台消息""××社××地×月×日电"字样。导语的写法主要如下：

（1）六要素导语和部分要素导语。新闻六要素：时间、地点、人物、起因、经过和结果，在导语写作中完全具备或部分具备。

（2）从表达方式和表现手法上讲，导语有叙述式导语、描写式导语、评论式导语、对比式导语、引语式导语、提问式导语等，具体操作时要根据消息内容来选择合适的开头。

3．主体

主体紧接导语后，是消息的重要组成部分。主体是对导语的解释、深化和具体化，使其更清楚、明确、具体。导语中未提及而又能表现新闻主题的事实和其他要素由主体补充。

主体的总体性安排或布局，主要有以下几种。

（1）倒金字塔式结构。这是新闻界最常用的方式，把最重要的材料放在篇首，最不重要的材料放在篇末，从导语至结尾按照重要程度递减来组织安排新闻材料。这种写法的好处是便于编辑选稿、分稿、组版、删节，如在版面不够时，可从后往前删，无须重新调整段落。

（2）时间顺序式结构。通常不一定有单独导语，往往按时间顺序安排事实，先发生的放在前面，后发生的放在后面。

（3）提要式结构。通常把新闻中最重要的事实概括到导语中，然后将多项需要并列出示的内容以提要形式分列出来。可用数字标示、破折号、小标题等引出各个要点。

4．背景

新闻背景指写作过程中涉及的与新闻人物或事件发生、发展相关的历史、原因、环境和条件等方面的材料。背景材料在消息中位置灵活，可独立成段，也可穿插于导语、主体或结尾中。

5．结尾

常见的结尾方式有小结式、展望式、补充式、含蓄蕴藉式、卒章见义式等。

（二）写作新闻的注意事项

（1）要深入细致地采访，占有真实、典型而丰富的材料。

（2）对材料进行筛选，去粗存精。

【例文 3-1】

为了群众服务群众

——安徽马鞍山倾力构建公共文化服务体系

本报记者 ××

安徽省马鞍山市金瑞中学大礼堂传来琅琅书声，"我们的节日——端午"经典诵读活动正在这里举行，千余名师生在此齐诵名篇、寄情端午。

来自金家庄区的学生张××说，每次市里组织这样的文化活动，她都积极参加。现在，连姥姥、姥爷都受到感染，参加起社区活动浑身是劲儿。

"文化大发展如果不能与老百姓的切身需要相结合就是一句空话。马鞍山市建设文化设施，举办文化活动，努力构建公共文化服务体系，就是要切实保障广大人民群众的文化权利，满足群众更高层次的精神文化需求，从而促进城市和谐健康发展。"马鞍山市委书记郑××说。

一、保遗产，建设施，一"老"一"新"搭平台

目前，马鞍山有县级以上重点文物保护单位43处，其中朱然家族墓、李白墓为国家级重点文物保护单位。（略）

目前，由博物馆、图书馆、大剧院等主体建筑组成的市文化艺术中心，成为马鞍山城市建筑的新标志。（略）

二、创作品，办活动，群众文化生活多姿多彩

由马鞍山专业艺术团体排练的话剧《净土》在安徽省巡演超过百场，儿童剧《男子汉行动》《雪童》演出300多场。（略）

三、重调研，强管理，公共文化服务在发展中提升

马鞍山文化部门始终坚持贴近实际、贴近生活、贴近群众的工作方针，经常组织到村居的文化调研活动，收集、了解基层群众想看爱看的文化作品，从而在创作过程中提高针对性。（略）

（来源：2011年6月6日《人民日报》02版）

简析：这则新闻采用的是引主式标题、叙述式导语（也称直叙式导语）、提要（小标题）式结构，是一则评述性的综合新闻。它不采用一事一报的写法，在时效性上也不像动态新闻那样迅捷，它的材料是丰富的、多样的，各个材料的详略处理和表现角度也有较为丰富的变化。

二、通讯

通讯，也称为通讯报道，是运用叙述、描写、抒情、议论等多种手法，具体、生动、形象地反映新闻事件或典型人物的一种新闻报道形式。相对于新闻来说，通讯虽不及消息快速敏捷，但也必须及时，在报道中更讲究生动、完整，可运用夹叙夹议的方法对人或事作出直接的评论。所以在报道同一事件时，往往先发消息，再发通讯。

按报道对象、内容和写作方法来分，通讯主要有人物通讯、事件通讯、工作通讯、概貌通讯等。通讯除了具有新闻的真实性、价值性、传播性等特点外，又具有自己独有的特点，如语言生动（可以描写、抒情、对话，可以用比喻、象征、拟人等修辞）、事件完整、作者可以评论等一系列的文学特征。

（一）通讯的结构与写法

通讯的写作就像一般的记叙文写作一样，可以采用多种多样的表现手法，也没有具体的格式要求，注意下面几点就可以了。

（1）主题明确。主题是取舍材料的标准，是起笔、过渡、高潮、结尾的依据。

（2）材料精当。必须搜集大量材料，并从中精心、严格地挑选出既有典型性又有充分说服力的材料来。

（3）写好人物。要用人物自己的语言、行为、活动来表现，要写得有血有肉、有声有色，有内心活动。

（4）安排好结构，角度要新颖，写作方法要灵活多样。

（二）人物消息和人物通讯的区别

人物消息和人物通讯虽然都是以报道新闻人物为主，但它们之间还是有明显的区别。人物消息截取人物生活的横断面来写，只写人物的一时一事，而人物通讯则在较为广阔的时间和空间范围内表现人物，内容比人物消息丰富。人物消息采用概括叙述和简笔勾勒的写法，人物通讯则可以浓墨重彩、精雕细刻。人物消息的篇幅短小，结构简单，人物通讯的篇幅可以简短，也可以长达万字以上，总的来说比人物消息长得多。

【例文 3-2】

孟良寨上话孟良

××县××镇杨家庄村村北有座高山，海拔千余米，那里树木茂密，郁郁葱葱，青山绿水，风景优美。当地一位老者告诉记者："这座山就是孟良寨，是当年孟良揭竿造反的大本营。"

相传，北宋时期，彪悍勇猛、武艺超群的孟良，不堪忍受富豪的压榨，率领一帮穷弟兄扯旗造反，大本营设在杨家庄村北的一座高山上。这座山蜿蜒起伏，和别的山虽紧紧相连，但又独成一峰。山峰上，有近千亩❶面积，地势较为平坦，且有充足的水源。孟良率众抬石垒墙，筑成山寨，东西南北各设寨门。石墙既高又宽，极其坚固，况且寨门都是建在势险之处，道路崎岖，确是一夫当关，万夫莫开。这座山本无名，因孟良把山寨建在此处，人们就叫这里为"孟良寨"。

---

❶ 亩为非法定计量单位，考虑到实际情况，本书保留亩作为计量单位，1亩≈666.7平方米。

岁月沧桑，千年轮回，"孟良寨"的叫法流传至今。孟良寨往北10多千米的高山上，是焦赞的寨子。据说，当年，焦赞、孟良两位绿林好汉亲如兄弟，定下盟约，各筑烽火台，如遇险情，点火为号，相互支援。后两人同归大宋，杀敌保国，战功卓著，青史留名。

孟良寨上，现有多处寨墙遗址，平时，由于山高林密，上去的人不多。祖居杨家庄的杨老师，退休多年，搜集了很多孟良寨的故事。杨老师告诉记者，前几年，村上几个人上孟良寨砍柴，无意间发现几个被雨水冲刷裸露出的瓷碗，做工精致，经有关文物专家鉴定，这些瓷碗属宋朝时期，一个就价值上千元。

山因人而得名，人依山而栖身，岁月似流水，悠悠已千年。孟良寨与孟良永远紧密相连。

（来源：2011年6月1日《××日报》）

简析：概貌通讯，又称风貌通讯，是以反映社会生活、风土人情、自然风光和日新月异的建设成就为主的报道。像这篇通讯就反映了该地区的自然风光和历史传说，在报刊上一般采取"巡礼""纪行""散记""侧记"等形式，向读者介绍。

【例文 3-3】

"感觉很震撼，也很兴奋"

"一路走来，一路听来，一路看来，感觉很震撼，也很兴奋！"作为安全生产月"重头戏"之一的安全生产万里行活动，采访团日前来到了××市，在××集团六矿、七矿、××矿，各大媒体的记者感慨万千。

据悉，今年的安全生产万里行活动以"安全责任、重在落实"为主题。《人民日报》、新华社、《经济日报》、中央电视台、中央人民广播电台、《工人日报》《中国青年报》《法治日报》《人民公安报》《中国安全生产报》《中国煤炭报》、新华网等15家以及河南6家主要新闻单位参加采访团。

一、国内首个大学生采煤班，利用技术创新为安全加码

2011年6月19日下午，采访团第一组记者来到了六矿大学生采煤班——国内首个大学生采煤班。

六矿大学生采煤班由12名成员组成，其中硕士生2名、本科生4名、专科生6名。自2008年组建以来，这个采煤班运用知识和技术，精细管理，注重创新，成功驾驭了全国首套国产自动化综采设备，创出了安全、高效的优异成绩，累计安全采煤300多万吨，编制了填补国内空白的首个自动化综采设备管理软件，提高了自动化综采设备的管理水平，成功攻克了自动化综采设备中因对乳化液管理不到位发生的设备瘫痪难题，顺利实现了"自动化工作面的跳眼搬家新模式""自动冷却喷雾系统改造""自动化综采工作面管理创新""自动化设备的安装和调试""采煤机红外检测系统改造"等13项技术革新，弥补了原装备的技术缺陷，提高了设备的安全系数；同时，他们强化现场实践，创立了确保自动化设备安全运转的"6532"工作法；大力推行全要素管理，通过对"人、机、物、法、环、信"六要素的分析评价，发现问题，切实整改，大大提高了安全系数和生产效率，提升了煤矿的安全保障能力。大学生采煤班组建近3年，保持了安全生产零事故的纪录，成为争当本职安全人的先进典型。

二、"白××班组管理法"成为班组安全的定海神针

2011年6月19日下午，第二组记者来到七矿，围绕着"白××班组管理法"进行了有针对性的采访。

白××在担任七矿开拓四队班长的24年中，结合自身工作实际，潜心研究，不断总结、创新，提炼出了一整套煤矿班组管理经验，主要内容概括为"六个三"。"三勤"即勤动脑、勤汇报、勤沟通；"三细"即心细、安排工作细、抓工程质量细；"三到位"即布置工作到位、检查工作到位、隐患处理到位；"三不少"即班前检查不能少、班中排查不能少、班后复查不能少；"三必谈"即发现情绪不正常的人必谈、对受到批评的人必谈、每月必须谈一次心；"三提高"即提高安全意识、提高岗位技能、提高团队凝聚力和战斗力。

白××担任班长24年来，所在班组未出现过任何安全生产事故，名副其实地实现了安全生产零事故。

三、××矿探索资源整合矿井发展之路

2011年6月20日，采访团记者来到了××矿，针对资源整合矿井抓好安全生产的典型经验进行了深入采访。

××矿属三级管理模式，井型小，井口分散，辖有×庄井、××庄井和××公司3个生产井，资源整合前，安全底子相对薄弱，职工素质普遍较低，针对这种情况，该矿在重投入、拉标杆、强培训、抓队伍、严管理、兴科技上下功夫，连续7年实现安全生产。

其中，×庄井作为梨园矿资源整合矿井之一，整合初期，生产、生活条件非常简陋，场区杂草丛生，宿舍墙皮剥落，年产量不足10万吨。2005年12月按照××集团整体部署，投资4.6亿元，对矿井进行改扩建，2009年4月工程通过河南省有关单位全面验收，实现了当年投产当年达产。×庄井从井下到地

面都发生了翻天覆地的变化，由一个脏、乱、差的小煤窑变成了一座安全稳定、环境优美的花园式现代化矿井。×庄井通过改扩建成为中国××集团煤炭资源整合的一个缩影。（本报记者高××）

（来源：2011 年 6 月 24 日《×× 日报》）

简析：工作通讯就是反映贯彻执行党的路线、方针、政策中的成绩，总结实际工作中的经验和教训，或者探讨有争议的亟待解决的问题的报道。它是报纸上经常运用指导工作的重要报道形式，它的主要特点有四条：一是把介绍工作经验和分析问题作为主旨；二是凭借事实，深入分析；三是生动活泼，讲究文采；四是不拘一格，形式多样。随笔、散记、侧记、札记、记事均可。

本例文介绍了 ×× 市 ×× 集团在安全生产活动中取得的一些经验和成绩，有管理方面的经验，有先进个人代表，还有集体的成绩等，在写作上注意点面结合，形式上自由活泼，灵活多样。

三、广播稿

广播稿是通过无线电波，由播音员用声音向广大听众传播信息的一种文体，是为了广播需要而准备的底稿。

广播稿具有口语化、感染力强、篇幅短小等特点。广播稿的种类主要有口头报道、广播对话、广播评论、录音特写、配乐广播、录音报道（包括文字解说、音响和配乐、人物谈话）、录音新闻、重大集会的实况广播、重要文艺或体育表演活动的实况转播等。

广播稿的写作没有具体的模式，一般来说，根据广播内容的需要在结构上采用对话体或文章式，其他注意下面几点就可以了。

（一）语言要通俗口语化

（1）要多用短句，少用或不用长句。

（2）要使用通俗语言，少用方言、土语，尽量不用群众不熟悉的简化词或简称。

（3）少用书面语、文言词和单音词。具体说来应该把书面语改成口头语，文言词改用白话，单音词改成双音词，音同字不同的词要改换。

（4）不宜用小括号、破折号、省略号，因为其中的内容不便读出来；那些表示否定含义的引号也尽量不用。

（二）结构简洁明了

广播稿由于受到时间的限制，更要注意干脆利落。

（1）突出句子的主干，不滥用不必要的附加成分。

（2）用准确的词贴切地表达要说的意思，不说空话、套话。

（3）不用倒装句，不用倒叙和插叙。广播稿的叙事，一般按事物的发展顺序，因为这样合乎人们听的思路和习惯。

（三）生动活泼

（1）采用多种写作方法，避免单调乏味。

（2）句式富于变化，运用设问、排比、对偶等句式，使文章有文采；适当选择主动句、被动句、肯定句、否定句等句式，使文章有感染力。

（3）具体的事例比抽象的议论更能吸引听众的注意力。

【例文 3-4】

校园音乐节目广播稿

（播放背景音乐）大家好，这里是《校园之声》，我是主持人××。现在已经是五月了，校园里阳光明媚，很适合户外运动，同学们别总是待在教室里，赶快走到操场上，晒一晒你的心情吧，刚才听到的音乐是《××》。

（继续插播乐曲）

让我们欣赏来自乐坛才女，同时极具戏剧天分的刘若英的《原来你也在这里》。

…………

王菲，是首位登上《时代》杂志封面的华人歌手，被誉为华语歌坛的天后，王菲独特的嗓音以及她创造的"菲式"唱法使其在整个亚洲地区和华人世界拥有很高的知名度。《传奇》这首歌背景的潺潺流水声引出空灵的呢喃之声，下面我们一起来欣赏传奇的王菲带来的《传奇》。

…………

"想你时你在天边，想你时你在眼前，想你时你在脑海，想你时你在心田。"像王菲歌中所唱到的，"宁愿相信我们前世有约"。因此，×× 在这里依然期待你参与我们的节目，将好的音乐以及对朋友的祝福与大家一起分享。

…………

这里依然是由 ×× 为你带来的《校园之声》，欢迎你继续收听。

马上听到的是来自 Lene Marlin 的最新专辑主打歌曲 *Another Day*。这个来自挪威的女孩子凭借自己的执着、才华以及无法被遮掩的光芒在乐坛占有一席之地。2004年前，因为一曲 *Sitting Down Here* 认识她，4年后，依然是安静的声音。不同的是，其中已融入了4年的成长和历练。

············

今天节目的最后，为大家送上张韶涵的《隐形的翅膀》："我知道，我一直有双隐形的翅膀；带我飞，给我希望。"一首很好听的歌曲，希望你度过一个轻松的周末。

下周同一时间，《校园之声》期待你的光临。

简析： 这是一篇音乐节目的广播稿，其内容主要是为听众介绍音乐和一些音乐故事，主持人的声音在音乐中穿插，短短几句话便将听众引入一个音乐的世界。根据每首音乐的风格配上不同的播报词，显得灵动而舒适，让听众在享受音乐的同时放松心情，舒缓压力。

【例文 3-5】

校运会部分广播稿

（1）踏着春天的气息，迈着轻盈的脚步，我们迎来了期盼已久的运动会。我们向往高山的坚忍不拔，我们渴望大海的博大精深，但是，我们更痴迷于你们的速度激情。来吧，尽情释放你的活力，这里就是你展示自我的舞台。你的每一次冲刺，都扣动着我们的心弦；你的每一次跨越，都吸引着我们的视线；你的每一次起跳，都绷紧我们的神经。我们为你呐喊，我们为你自豪，我们为你疯狂。

（2）热血在赛场沸腾，巨人在赛场升起。××同学，相信自己，你将赢得胜利，创造奇迹；相信自己，梦想在你手中，这是你的天地。

（3）致长跑运动员：磨炼的是非凡的毅力，较量的是超常的体力，拼搏的是出类拔萃的耐力，把长长的跑道跑成一段漫漫的征程。听，呼啸的风在为你喝彩；看，猎猎的彩旗在为你加油！加油吧，为了那辉煌的一瞬间！

简析： 这些都是校园运动会上精彩的广播稿，从这几例中可以看到它们的共性，那就是运用了排比与比喻的修辞，使这些广播稿读起来朗朗上口，有气势，韵律感很强；还可以看到使用了很多短句，避免了一些长句；很有诗情画意，注意联想、想象与押韵。

四、解说词

解说词是对展览、实物、影视、图片、名胜古迹和历史文物进行解释说明的一种文体。它通过对事物的准确描述和词语的渲染，来感染观众或听众，使其了解事物的来龙去脉和意义，收到很好的宣传效果。

解说词根据被解释的对象，可分为产品展销解说词、文物古迹解说词、摄影图片解说词、影视剧解说词、专题活动解说词等。解说词根据语言特点可分为文学性解说词和平实性解说词两种，前者如导游解说词、电视风光片的解说词，既有抒情又有解释说明，语言绚丽多彩，情感真挚浓郁；后者主要用于生产成就的参观展览、科普影片、新闻纪念片等。

解说词因被解说的事物不同而千差万别，大体上有三种形式。

（1）穿插式。即穿插在电影、电视剧的剧情进展中，三言两语，简要介绍有关人物和事件，使观众更透彻地理解剧情。

（2）特写式。即就某个实物或画面做介绍，文物古迹解说词、专题展览解说词、摄影图片解说词等均属此类。它要求重点突出地介绍有关知识，给观众以视觉上的补充。

（3）文章式。即用文章的形式来介绍被解说的对象。连环画解说词、纪实性的电影、电视剧的解说词均属此类。它既是一篇完整的文章，同时又要紧扣被解说的对象，因物或因事而行文。

解说词写作的形式多样，方法灵活，可用平实的语言，也可用文学的语言；可用散文形式，也可用韵文形式。不论是哪一种形式的解说词，都要求扣住所要解说的对象的特点，用通俗简洁的语言，把实物或图像的内容介绍给观众。解说词只有配合紧密，才能使观众获得更深刻的认识。

【例文 3-6】

电视专题片《壮丽的长江三峡》解说词（节选）

这三个峡各有其特点：瞿塘峡以宏伟雄壮著称；巫峡以其幽深秀丽而闻名；西陵峡则是以滩多险峻惊人。三峡胜景丰富多彩，更有许许多多的名胜古迹，流传着奇妙动人的神话故事，令人无限神往。古往今来，多少诗人画家、名士高人慕名而来，为其吟诗作画，描绘和赞美它的千姿万态。游览三峡，饱尝奇光异景，是一种非常美妙的享受。

简析：这段电视专题片的解说词，一是简括；因为是配合画面解说的，用不着太仔细，只要提示一下就行了；二是抓住特点，例如，只用三句话，就把三个峡各自的特点概括出来了，一个"宏伟雄壮"，一个"幽深秀丽"，一个"滩多险峻"，既准确又鲜明；三是引发听者的想象，原专题片中用一些语句诱发听者去联想神女峰的传说，还用李白、杜甫等诗人的诗词佳句，历代画家描绘三峡的名画等引发听者联想三峡。

【例文 3-7】

河南省平顶山市尧山（石人山）导游词

各位朋友：

大家好！欢迎来到我们河南旅游观光！我是××旅行社的导游××，很高兴能为大家服务，共同度过一段美好的时光。今天我将带大家到平顶山市鲁山县尧山旅游观光，还请大家对我的工作给予大力支持与密切配合，祝大家玩得开心。

尧山风景区位于河南省平顶山市鲁山县西部，地处伏牛山东段，景区面积 55 平方千米，主峰玉皇顶海拔 2153.1 米，是国家 5A 级景区，被评为河南省十佳旅游景区。尧山相传为刘姓发源地，因尧孙刘累为祭祖立尧祠于此而得名。战国时，伟大思想家、社会活动家墨翟降世于尧山之下，现有墨子故里遗址。

尧山地处中原，地理条件优越，紧邻焦枝铁路，有贯穿景区的 311、207 国道，还有郑尧高速，交通便捷。尧山一年四季景色各异，号称"三十六处名胜，七十二个景点"，景区山峰奇特，瀑布众多，森林茂密，温泉优良，人文景观辉煌，集"雄、险、秀、奇、幽"于一体。专家评论它有"华山之险，峨嵋之峻，张家界之美，黄山之秀"，是旅游观光、避暑、疗养、科研、探险的好地方。

尧山风景区总面积为 268 平方千米，景区中的奇峰、怪石、山花、红叶、飞瀑、温泉、云海、原始森林、珍禽异兽及人文景观构成完整的风景体系。现已命名的景观有 240 多处，60～200 米高的瀑布有 17 处，200～300 米高的石柱有 40 多处，将军石、千丈岩、姐妹峰、白牛城、通天河、九曲瀑、鬼门关、南天门、报晓峰、猴子拜观音、朝圣岭、姑嫂石、金山环等景点遍布景区。景区中有库容达 7 亿多立方米的大型人工湖——昭平湖，能医治多种疾病的温泉群等，还紧邻亚洲最大的航空展览馆。

尧山地处亚热带与暖温带分界线上，动植物资源十分丰富。据初步调查，仅种子植物就有 1211 种，其中国家级保护的有 13 种，省级保护的有 19 种。有陆栖脊椎动物 125 种以上，其中国家级保护动物有 17 种，省级保护动物有 14 种。尧山有大片原始森林，千年古木在 15 万株以上。布满青苔的水杉林是冰川遗物，生物学家称之为活化石，被周恩来总理定为"国宝"，满山的各色杜鹃是尧山又一珍宝。

尧山四季风光别致，春天鸟语花香，绿映溪吟，秋日层林尽染，冬季银装素裹，林海雪原。初夏时节使人领略"人间四月芳菲尽，山寺桃花始盛开"的清新景象。盛夏，当平原大地上"赤日炎炎似火烧"，气温达 35～38℃时，这里只有 23～26℃，凉爽宜人。宋代诗人梅尧臣曾游尧山写下《鲁山山行》，称赞这里的美好景色："适与野情惬，千山高复低。好峰随处改，幽径独行迷。霜落熊升树，林空鹿饮溪。人家在何许？云外一声鸡。"

尧山，当地人又叫石人山，因为其主峰形似石人而得名。关于石人山，还有一个美丽的传说。这里，我们先留个悬念，等到了景点再分享这个故事吧。

好了！关于尧山我今天就讲到这里。谢谢各位！

简析：本篇解说词是导游词，是导游在通往景点的旅行车上对游客的解说。导游先是向游客致欢迎词，然后介绍了尧山的地理位置、交通情况、风景特色、周边环境、传说故事等，使游客初步了解尧山，为接下来游览尧山奠定了基础。此外，导游词还可以通过对旅游地出产物品进行说明、讲解，在客观上起到向游客介绍商品的作用。

【例文 3-8】

××学校体育达标运动会开幕式解说词

金秋十月，丹桂飘香，在这秋高气爽的日子里，我校 3000 多名师生迎来了第 × 届体育达标运动会。这是一次全面贯彻党的教育方针的盛会，是一次展示我校开展素质教育成果的盛会。在这次运动会上，全体学生将在运动场上拼搏。我们相信，运动员们一定会秉承"更高、更快、更强"的奥运精神，赛出风格，赛出水平，赛出成绩；我们相信，在全校师生的共同努力下，这次运动会必将开成团结拼搏、欢乐祥和的大会。下面对各方阵队一一介绍。

伴随着无可比拟的骄傲和坚如磐石的虔诚，威武庄严的国旗队向我们走来。国旗在他们的护送下格外醒目。那铮铮有声的脚步，引领着××学校的发展鳌头，那威风凛凛的身姿，昭示着伟大祖国的蒸蒸日上。

老师的爱，太阳一般温暖，春风一般和煦，清泉一般甘甜。老师的爱，比父爱更严峻，比母爱更细腻，比友爱更纯洁。下面向我们走来的是教职工代表队，他们用青春、用热血谱写出一首首动人的乐章，把我们引向壮丽的人生。

现在经过主席台的是××专业代表队。这是一个团结的集体，这是一个敢于奋斗的集体，这是一个充满自信和朝气的集体。今天，他们奋发学习；明天，他们将是祖国的栋梁。和着金秋的喜气，这个团结互助、勤奋活泼的集体将会如旭日般冉冉升起，如鲜花般慢慢绽放。

不坠凌云志，健儿当自强。伴随着雄壮的运动员进行曲，迎来了由××专业同学们组成的代表队。看，他们带着庄严的神情，为迎接明日的挑战而意志如钢；那矫健的步伐，显示出勇于战胜自我的力量；他们昂首阔步，奔向前方，只为不负肩上扛起的责任与希望。努力吧，为了心中那永恒的理想；加油啊，我们期待着明天，让胜利的豪情在眉间飞扬。

最后，预祝大会取得圆满成功！

简析：这篇解说词采用了总分总的结构方式。内容上，首先对校运会作整体解说，然后对各个方阵队作具体分说。每个解说部分都各有特色，内容丰富而又不雷同，语言具有充分的感染力，符合解说词口语化和通俗易懂的特点和写作要求。

第四章　常见的办公软件操作技巧

科学技术的快速发展，改变了人们的生活方式和提高了工作效率，特别是信息技术的快速发展，更是提高了我们的办公效率。当今信息技术和互联网应用技术渗透到各行各业，甚至各个行业的岗位中。因此，掌握一定的信息素养和基本技能有利于提高工作效率和学习效果。作为一名即将走出校园、走入社会的大学生，加强信息素养是非常有必要的。信息素养涉及很多知识和技能，本章节主要从办公室 Windows 网络连接的基本维护技能，打印机、复印机的常用使用技巧，Word、Excel、PowerPoint、PS 图片处理等常用办公软件解决工作中常用的应用案例进行介绍。

第一节　Word 操作技巧与案例

当今市面上办公软件的主流产品有金山开发的 WPS 系列和微软公司的 Office 系列。两者的使用方法和操作步骤大同小异，完全可以相互使用，当然也有区别和不同。本节将重点以微软公司的 Office 系列应用软件为主进行实验论证性介绍。

一、制作不同版式的通知文件

（一）提出问题

Word 常用的就是文字处理，在处理文字的同时可以附上图片和表格，以实现图文表混排。排版的过程中，以实现协调、美观、适用为原则。如果要在同一个文档中使用不同版式的文档，该如何处理呢？即同一个文档中既有竖向版式也有横向版式，这一小技巧在现实中经常使用到，但很多学生却仍不知道。

（二）制作要点

（1）制作带有不同版式附件的通知，主要是版式的设置有横向和竖向两种。Word 默认的是一个文档就是一节，要想制作不同版式的附件就要将文档分成不同的节，因为每个节是独立的。利用不同的节来协调不同的版式。

（2）要有首行空两格的意识，在格式——段落命令中实现。

（3）行间距设置的问题，段落命令中实现。

（4）序列号的规定一般为常用的标准，即一、（一）1.（1）。

（5）字体的设置，字体命令中实现。

（6）不同的版式，插入分节符中实现。

（7）表格主要涉及两个居中：在文档页面中要居中，通过选中表格的边框用居中对齐命令实现。表格中的文字在表格中要居中，通过鼠标右键在"单元格对齐方式"命令实现。

（三）制作步骤

（1）双击左标尺，在页面设置页边距对话框中设置上下左右为2厘米，默认版式为竖向。

（2）将素材文本内容复制到 Word 中，给 Word 文件名命名，如《关于增补顶岗实习学生的通知》，保存于电脑某文件夹中，注意每修改和间距5分钟左右手动保存一次，快捷键即 Ctrl+S，防止电脑突然关机或断电等意外情况发生。

（3）根据文件格式要求进行排版。

①文件头黑体50磅（手动输入）红色。

②回车键（按一下 Enter 键）选中回车符（空格）设置16磅字间距。

③打开绘图对话框选取直线自选图形，按住 Shift 键画直线，双周直线，设置直线为红色3磅。

④分隔线与标题之间有一个硬回车，大小是12磅，也可以用行间距控制大小。

⑤其他部分用常规排版。即首行空两格。

（4）附件1、2与主文档即通知正文同属一节，不用单独分开。只有附件3是横式版式才要分节。

（5）表格插入前要计算横竖表格内容个数再插入，插入后采取合并拆分的形式将表格组合调整为需求内容。

（6）表格中公式计算：计算向上的值 =SUM（ABOVE）、计算左边的值 =SUM（LEFT），始末单元格不能有空格。ABOVE（在……上面）、LEFT（左边）、RIGHT（右边）。

（7）排版结束后直接按 F7 进行拼写检查，无误后再点击文件——打印预览进行预览，以查看整体效果。

二、Word 长篇文档编辑排版

长文档排版是衡量初学者是否掌握 Word 的一个重要指标，而且长文档的适用范围特别广泛，如报告、论文、产品说明书、项目策划书等。因此，必须要掌握长文档的排版技巧和技能要点。

（一）制作思路和要点

长文档的排版主要涉及两个方面的内容：一是如何控制文档中不同内容的格式和相同位置的内容不一致，主要通过分节来实现，如每一章节的页眉内容显示不一样，要求只与本章节名相同；每一部分的页脚也不相同，即摘要、前言、正文等页码内容不一样。二是编制目录需要在大纲级别的基础上，大纲级别的实现建立在标题样式化的基础上。所谓标题样式化，就是要将各级标题先定义好格式，然后再把各级标题按照预定好的格式进行排版处理。以上两点是长文档排版的基本思路。由于大学生是具有一定基础的操作员，所以基本命令不再介绍。

（二）制作步骤与程序

（1）页面布局。主要有设置纸张型号、页面边距、文档方向等内容。

（2）输入内容和基本排版处理。在确保有文档内容或输入了文字的情况下，主要有字体和段落格式两大命令，涉及字体的有字型、字号以及特殊要求的字体编排等，涉及段落的命令有首行缩进、行间距、段前段后等。

（3）给不同的内容分节。插入——分隔符——分节符。Word 默认的是一个文档的内容就是一节。分隔符就是同一个节里面分成几个页面。分节符是在同一个文档中将页面分若干节。节的存在意义和使用方法在前面已做介绍，此处不再赘述。

（4）设置样式并应用于文档中。样式指的是一些排版命令格式的集合。常用的主要是字体、字型、字号、对齐方式、是否加粗、行间距、段前段后等。有两点很重要：一是设置了样式后一定保存样式。二是一般一篇文档中常用的技巧是在系统默认的样式1、样式2、样式3、样式4中进行修改设置并保存。

（5）插入目录（临时）。为什么这一步要插入一个临时的目录呢？主要是便于修改和整体把握。

（6）添加不同的页眉。大家都知道书的每一页最上面部分显示的是本章节的名称和书的名称，有的只有章节名，有的奇数页是章节名，偶数页是书名。为实现这一功能，只有在分节的基础上，通过添加不同的页眉命令来控制和实现。有一点需要特别注意，若要连续显示上一节的内容名称时，页眉控制命令中有一个延续上节的命令，不需要点击，一般默认就是延续。若不需要连续显示上一节相同内容时，就点击连续命令，此按钮变成灰色，就断开上一节内容，即关闭。

（7）添加不同的页脚（页码）。引言、摘要、正文、备注、致辞等各部分内容的页码要求不一致，这就要用到在分节的基础之上的页脚命令。与页眉命令使用完全一样，不同的是上面修改的是章节名，下面修改的是不同的页码，要注意起始码和连续码的问题。如每个部分需要重新计页码的时候就需要单独从 1 页开始算起始码，若正文部分从第一章至最后一章时就需要连续上一节页码。

（8）修改与完善文档格式（更新目录）和按 F7 进行拼写检查。经过上面的排版和调整之后，一篇长文档的排版基本完成，接下来需要做的是进行修改和完善。

三、使用 Word 的邮件合并功能实现邀请函的制作与自动打印

（一）问题提出

某公司或部门要召开培训会，要向全国各地的相关单位发送邀请函。相关地址和收件单位及收件人已采集到，就可以利用邮件合并功能实现自动化打印和操作。虽然当前纸质信件已不再提倡，但此功能在很多场合仍有用处，因此本节仍以信封打印为例进行说明。

（二）制作思路

主要涉及两个步骤：一是邀请函的信封制定与打印。二是邀请函内容制定与打印。通过分析得出：信封和信函都有一些内容是固定的和变化的。固定的内容：主信函内容、寄信人地址等。变化的内容：收件人称谓、姓名、地址、邮编、职务等。解决思路和程序：一是利用数据源存储变化部分的内容和信息。二是制作主文档。三是制作信封。四是主文档、信封与数据源进行联系（连接）。五是生成文件批量打印。在制作数据表的过程中，要注意到以下几点：一是制作的表格不能有空行或标题。二是表格必须有列标题。三是不能有合并的单元格。

（三）制作步骤

（1）**制作信封**。新建一个文档——工具——信函与邮件合并——中文信封向导——普通信封——完成；选择数据源——插入域；收件人邮政编码内的内容全部删除后插入；其他域不要删除，特别是黑色区域；寄件人和邮编删除，直接输入信息。

（2）**制作信函**。输入主信函的内容并做好基本排版。在要输入变化的内容

处选择工具——邮件合并——信函——使用当前文档——加入数据源——撰写信函——其他项目——完成合并——合并——编辑个人信函——合部生成。

第二节　Excel 操作技巧与案例

Excel 主要用于制作电子表格，以电子表格中的各类数据为基础，实现各类图表、数据统计和各类复杂功能实现，从而解决生活中的实际问题。

一、制作表格的基本思路

Excel 的操作基础很多，限于篇幅和本章的需要，则不具体叙述。不管制作什么样的表格，首先要保证表格好看，即有一定的外观美。一般而言一个完整的表格包括表头、表体和表尾三部分。把握表格的结构之后就要设计表格的线框粗细、文字大小、列宽、行高等基本信息，同时保证表格在整张纸中要水平居中显示。

二、常用函数使用

如果不使用函数，则不能发挥 Excel 的强大功能和作用。函数的语法格式一般由函数名、一对括号和参数构成。如函数名（参数 1，参数 2，……）参数可以是常量、文本、单元格引用、区域、区域名称或其他函数等。输入函数时可以直接输入，即在单元格里面输入"="、函数名、左手号、参数和右手号，再按回车键，即可完成计算。也可以使用插入函数法使用具体的函数，根据对话框提示操作即可。常见函数介绍见表 4-1。本文将用两个案例来说明一般常用函数的使用的技巧和使用方法。

表4-1　常用函数介绍

序号	函数名	格式	功能
1	IF	IF（条件，值 1，值 2）	如果条件为真，返回值 1，否则返回值 2
2	COUNTIF	COUNTIF（区域，条件）	返回指定区域满足条件单元格的个数
3	COUNT	COUNT（区域）	返回指定区域包含的数据个数
4	VLOOKUP	VLOOKUP（要查找的值，要查找的区域，返回数据在查找区域的第几列数，模糊 / 精确匹配）	按列查找，最终返回该列所需查询序列所对应的值，如可以用来核对数据，多个表格之间快速导入数据等

续表

序号	函数名	格式	功能
5	MAX	MAX（区域）	返回指定区域中最大的数
6	MIN	MIN（区域）	返回指定区域中最小的数
7	AVERAGE	AVERAGE（区域）	返回指定区域中所有数据的平均值
8	SUM	SUM（区域）	返回指定区域中所有数据求和
9	SUMIF	SUMIF（区域，条件）	返回指定区域内满足条件的数据求和
10	RANK	RANK（数值，区域）	返回某数字在指定区域的大小排位
11	RAND	RAND（数值，位数）	按指定位数对数字进行四舍五入

（一）Excel 综合应用实例 1——制作学生成绩统计表

1. 提出问题

期末了，王教授安排他的助理小李，完成计算机应用基础 B 这门课程的成绩统计和分析。要求平时成绩、期末成绩、综合成绩以及期末各分数段人数和比例严格按照学前要求实现自动计算和统计，并且要求以上数据真实有效，能够为王教授教学效果评价和试卷分析作参考。如果你是小李，你将怎样利用你所学知识完成此任务？表格样式见图 4-1。

2013-2014学年第一学期

承担单位：软件工程学院　课程/环节：计算机应用基础B　学分：2.0　类　别：公共课/必修课

总学时/周数：30/15　考核方式：考查　任课/指导教师：张　三　行政班级：13电子信息科学与技术1　人数：44

学号	姓名	平时成绩(占 20 %) 考勤																总评	中考成绩(占 %)	末考成绩(占40%)	技能成绩(占40%)	综合成绩	备注
201308334001	卜艳	√	√	×	×	×	×	×										25		75	80	67	
201308334002	刘兰	√	√	√	√	√	√	√										100		70	80	80	
201308334003	闫晓飞	√	√	√	√	√	√	√										100		68	75	77	
201308334004	古丹宁	√	√	√	√	√	√	√										100		85	89	90	
201308334005	董芬芬	√	√	√	×	√	√	√										85		85	90	87	
201308334006	蔡雨仙	√	√	√	√	√	√	√										100		90	80	88	
201308334007	谭亚菲	√	√	√	√	×	√	√										85		80	78	80	
201308334009	彭秉清	√	√	×	√	√	√	√										85		80	89	85	
201308334010	陈佳琪	√	√	√	√	√	√	√										100		90	85	90	

	[100-90](优)	(90-80](良)	(80-70](中)	(70-60](及格)	(60-0](不及格)	实考人数	最高成绩	最低成绩	平均成绩
人数	2	4	2	1	0	9	90	68	80.3
比例(%)	22.2	44.4	22.2	11.1	0.0				

第 1 页

登分人(签字)：　登分日期：　审核人(签字)：　审核日期：

备注：

1、本表一式三份，系（院）一份，试卷装订一份，任课教师自留一份；

2、字迹清楚，一律使用蓝、黑墨水填写；

3、教研室主任任课的，本表复查人（签字）栏由系（院）主管教学的主任签字；

4、考试结束四天之内，于教务网络管理系统中录入成绩；

5、分数段统计请使用“末考”成绩。

期末综合成绩计算方法：

1、综合成绩=平时成绩*20%+技能成绩*40%+末考成绩*40%；

2、平时成绩由平时考勤组成，总计100分，计7次，缺勤一次扣15分，扣完为止；

3、技能成绩根据每次上机实验项目的完成情况进行考核，取5次计算综合成绩；

4、末考成绩根据学生期末上机考试成绩进行评定。

图4-1　重庆大学软件工程学院成绩登记册⑨

2．主要内容与制作思路

一是制作好表格。根据表头、表体、表尾，特别是表体内容，计算好行列宽度。加好表格边框，让行列表格与字体大小相适应。做到两个居中：让表格在整个文档中居中显示和让表格里的文字在表格中居中显示，同时通过预览观看效果。二是制作功能。涉及的计算处有：平时总成绩、末考成绩、技能成绩、综合成绩、各分数人数及比例、最高最低平均成绩、实考人数等。

3．各关键点的计算公示

（1）**平时成绩的计算机方法**。平时成绩由平时考勤和表现组成，总计 100 分，考勤计 7 次，缺勤一次扣 15 分，扣完为止；缺席一次用"×"表示。用 IF 函数即可实现，在单元格输入以下公式即可：=IF（（100 － COUNTIF（D6：J6，"×"）*15）>0，100 － COUNTIF（D6：J6，"×"）*15，0）。

此单元格涉及两个函数，其语法格式为：IF（条件，值1，值2）=IF（C5<60，"不及格"，"及格"）。COUNTIF（区域，条件）=COUNTIF（C4：C9，">80"）。

COUNTIF：返回指定区域内满足条件的单元格个数。

（2）**期末成绩**。期末成绩与技能成绩，直接手工输入。

（3）**综合成绩**。＝平时成绩 *20%+ 技能成绩 *40%+ 末考成绩 *40%。

（4）**各分数段及比例成绩的计算**。用条件统计函数 COUNTIF 进行计算。如统计 90 分以上的个数 =COUNTIF（V6：V14，">=90"），如统计 80 分以上的个数为 =COUNTIF（V6：V14，">=80"）－ C16）。这里要说明一下，为什么有 C16 呢，因为要把前面的大于 90 分的个数减掉，不然就重复计算了，其他分数段依次类推。

（5）**实考人数统计**。实考人数统计用 COUNTA 函数。它的功能是统计非空字符函数。=COUNTA（V6：V14）。

（6）**最大值、最小值、平均值**。=MAX（V6：V14）、=MIN（V6：V14）、=AVERAGE（V6：V14）。

（二）Excel 综合应用实例 2——用查询函数快速匹配数据

1．问题提出

某应届毕业生快毕业了，学校要查询和了解各论文指导老师所负责学生的就业指导情况。然而就业数据统计表是由学校就业办负责录入的，要导出数据也只有经过就业办才可以。这个数据表导出后排序情况与学院论文指导老师的安排表显然不一致，要让两个数据有效保持一致，如果用传统一一核对的方式进行显然费时费力。如果你是负责数据核对的工作人员将如何操作呢？其实用上面的

VLOOKUP 查询函数即可实现。

下面我们分析一下此函数的语法格式。VLOOKUP（要查找的值，要查找的区域，返回数据在查找区域的第几列数，模糊 / 精确匹配），一共有 4 个参数。

2. 解决思路

通过分析问题，我们得知，首先有两个 Excel 电子表格的数据，见图 4-2 就业数据和图 4-3 就业状态，在两个电子工作簿的表格中，我们只需要学生姓名、就业状态、每个学生对应的指导老师三个核心数据。传统的做法是将两个表格数据进行一一核对，并手动输入数据。数据量小还好，如果上百条或者上千条数据用人工核对和输入的方式显然不符合现代高效率的要求。但通过上面学习了解的 VLOOKUP 函数查询功能即可实现将图 4-2 中的就业数据匹配到图 4-3 的就业状态中。

XXX学院2019届未就业毕业生指导老师分配表

学号	姓名	导师	班级	就业状态	备注
201512301	张三	张老师	2015软件工程1		
201512302	李四	李老师	2015软件工程1		
201512303	王五	余老师	2015软件工程1		
201512304	赵六	赵老师	2015软件工程1		
201512305	孙七	高老师	2015软件工程1		
201512306	刘八	王老师	2015软件工程1		
201512307	陈九	刘老师	2015软件工程1		
201512308	蒋十	罗老师	2015软件工程1		

图4-2　就业数据

学号	姓名	班级	就业状态
201512307	陈九	2015软件工程1	已就业
201512308	蒋十	2015软件工程1	已就业
201512302	李四	2015软件工程1	已就业
201512306	刘八	2015软件工程1	已就业
201512305	孙七	2015软件工程1	已就业
201512303	王五	2015软件工程1	已就业
201512301	张三	2015软件工程1	已就业

图4-3　就业状态

3. 操作步骤

在图 4-4 操作步骤 E3 单元格输入等号 =VLOOKUP，再点击菜单栏的 Fx 按钮，在弹出来的函数参考条件对话框中选择相应的区域和条件。点击查找值折叠选项卡选择数据 C3: C10 的数据区域，再点击数据表折叠选项卡选择姓名、班级、就业状态三列全部数据，注意标题栏不要选中。点击列序数折叠选项卡，在此输入数字 3，因为就业状态在姓名之后的第三列数据中，因此本框输入 3。在匹配条件栏输入 FALSE，即按精确查找方式进行。最后单击确定，选择单元格光标的小十字向下拖，其他列表单元格中的数据也就出来了，如图4-4、图4-5所示。

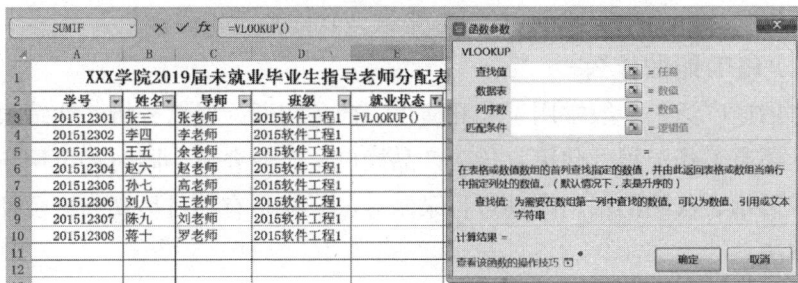

图4-4　操作步骤

图4-5　操作结果

第三节　PowerPoint 操作技巧与案例

当今社会，无论是政府公务员，还是企事业单位的工作者；无论是职场达人，还是职场新手；无论是老师，还是学生，在各种场合都需要用到演示文稿，而且是高质量的演示文稿。有一句话叫作："不要让你的演示文稿影响了你的形象。"可见演示文稿是极其重要和应用十分广泛的。因为不管是做总结报告，还是培训教育，不管是做企业宣传，还是业务推广，演示文稿是最好的表达方式之一。能够制作和生成演示文稿的软件有很多，我们一般常用的是 Office 家族的 PowerPoint 软件，本节着重介绍此软件的使用技巧。

一、PowerPoint 概述与基本操作

（一）PPT 是什么

PPT 是 PowerPoint 软件生成的演示文稿，即幻灯片文件，是 PowerPoint 的简称，是微软办公软件 Office 系列之一，其他的还有 Microsoft Word、Excel、

Access、FrontPage、Outlook 等。PowerPoint 原本是由美国名校伯克利大学的一位叫 Robert Gaskins 的博士发明的。后来被微软件公司收购。

（二）PPT 能做什么

PPT 用途广泛：一般常用于公开演讲、商务沟通、经营分析、业绩报告、培训课件，还有工作汇报、政策宣传、产品推广、企业介绍，同时还可用于个人相册、自我展示、成绩汇报、课件过程录制等，只要是有项目呈现和展示环节的都可用它解决。

（1）**视觉辅助**。就是以视觉形式作为辅助。给出图片或文字要点，讲解者作说明介绍（展示、介绍、开会背景等）。

（2）**会场播放**。PPT 用于视觉辅助时是配角，用于会场播放时则成为了主角，也就是自动播放。

（3）**教学课件**。任何培训与教学基本上常用的就是 PPT 课件。

（三）PowerPoint2003 的基本概念

（1）**演示文稿**。就是一个 PowerPoint 文件，其拓展名为 .ppt。

（2）**幻灯片**。在演示文稿中由若干张内容相关页结构独立的一张一张的幻灯片组成的。

（3）**模板**。分为设计模板与内容模板。设计模板包含预先定义的格式和配色方案、背景图案等，可以应用到任意演示文稿中创建独特的外观；内容模板包含与设计模板类似的格式和配色方案，加上带有文本的幻灯片，文本中有特定主题提供的建议。PPT 软件本身提供了数十种模板，供用户选用。

（4）**母板**。是一张具有特殊用途的幻灯片，其中预设了幻灯片的标题、字形、格式与位置，以及背景设计和配色方案等。修改母板会影响到所有基于该母版的幻灯片。

（四）PPT 软件的启动与退出

（1）**启动**。一是常用方法。鼠标直接点击桌面的图标或在开始菜单中找到 Microsoft2003/Microsoft PowerPoint2003，即可启动。二是通过运行命令。在运行栏输入 PPT 软件的启动文件路径。例如：C：/Program Files/Microsoft Office/Office12/POWERPNT.exe

（2）**退出**。一是执行窗口中文件|退出命令。二是单击窗口标题栏右端的关闭按钮。三是双击标题栏左端的窗口控制菜单图标。四是使用快捷键，同时按下 Alt+F4 组合键。

（五）创建演示文稿

（1）**创建演示文稿。**创建一张主、副标题版式的空白幻灯片，不包含任何样式，用户可以自行设置颜色、布局和网络等，具有灵活性。

方法一：使用工具按钮，单击常用工具栏的"新建"按钮，立即创建一个空演示文稿。

方法二：使用菜单命令，执行文件 | 新建 | 空演示文稿，即可创建一个空演示文稿。

（2）**使用内容提示向导创建演示文稿。**内容提示向导提供了不同主题和结构的演示文稿示范，如实验报告、招标方案、商品介绍、贺卡等。

方法：在新建演示文稿任务空格中，单击根据内容提示向导超链接，将出现"内容提示向导"对话框，选择其一。

（3）**使用设计模板。**使用已经设计好的幻灯片样式和风格。

方法：文件 | 新建 | 新建演示文稿 | 根据设计模板 | 可供使用。这种方法只能创建一张标题幻灯片，其他幻灯片还需用户自行创建。

（4）**使用"现有文稿"创建新的演示文稿。**这种使用方法比较常见，即在原来比较喜欢的模板上进行修改再次完善。

（六）打开演示文稿

如果用户需要对已有的演示文稿进行编辑、修改或播放，必须先将其打开。

（1）**文件 | 打开。**

（2）**常用工具栏中的打开。**

（七）演示文稿的保存

（1）**执行文件 | 保存。**

（2）**Ctrl+S。**

（3）**单击常用工具栏中的保存按钮。**

（八）演示文稿的编辑

1. PowerPoint 的视图方式

为了方便用户从不同角度编辑和查看演示文稿，PowerPoint 设置了不同的视图。一是普通视图。是常用的方式也是默认视图。幻灯片、大纲和备注页集成在一个视图中，便于全面了解演示文稿中各幻灯片的名称、标题和排列顺序。二是幻灯片浏览视图。以缩略图的形式显示演示文稿的多张幻灯片，既可以从整体上浏览所有幻灯片的效果，还可以方便地复制、移动和删除幻灯片，但不能对幻灯片的内容进行编辑和修改。三是幻灯片放映视图。放映幻灯片，且每张幻灯片占据整个计算机屏幕，进行逐张播放，可以听到声音，看到各种图形、图像、视频、动画效果等。按 ESC 键随时停止播放。

2. 文本的输入与排版

（1）**文本的输入**。不能直接输入文本，只能通过占位符或文本框进行操作。在占位符中输入文本。新建的幻灯片中包含一个或多个虚线方框就是占位符，主要用于输入标题、正文和其他内容。一个简单的方法就是在窗口右边的任务窗格中，选择应用幻灯片版式或内容版式进行编辑。要说明的是幻灯片左侧是缩略图，编辑区下方是备注窗格。备注栏的主要作用就是，写下演讲者的关键信息，防止遗忘。还可以使用文本框输入文本。方法是插入 | 文本框 | 横排或竖排。

（2）**文本的排版**。一是设置字体。字体、字号、加粗、倾斜、下划线、阴影、文字方向、字体颜色、对齐方式、项目编号等命令。二是设置段落。用到的主要命令有对齐方式（左对齐、居中、右对齐、分散对齐）、段落缩进（指段落与文本区域内部边界的距离，有首行、左右缩进）、行间距与段落间距（行距决定一个段落中各行之间的距离，而段间距决定段落与段落之间的距离）、设置项目编号（格式 | 项目符号和编号）等命令。

（3）**图形、图片和艺术字的插入**。一是插入图形。线条、矩形、圆形、流程图等，用户可以绘制，也可以使用自选图形。自选图形是现成的，插入后，可以进行修改、变形、排列、组合等设置和调整。方法是：单击图形，图形周围出现 8 个圆圈状的"控点"，拖动可以更改大小和形状。二是插入图片。插入 | 图片 | 来自文件。三是插入艺术字。艺术字是一种具有特殊效果的文字，它实际上是一种图形对象，可以拉伸、倾斜、弯曲、旋转。操作方法是插入 | 图片 | 艺术字。同时还可以设置"阴影样式"和"三维效果样式"。

（4）**表格和组织结构图的插入**。插入表格。插入 | 表格。插入组织结构图。插入 | 图片 | 组织结构图。

（5）**声音和影片的插入**。插入声音。有四种方式可以插入声音，有自动播放还是单击时播放两种。一是插入剪辑管理中的声音剪辑。插入 | 影片和声音 | 剪辑管理器中的声音，在剪贴画任务窗格中单击所需的声音剪辑。二是插入声音文件（.wav、.midi、.mp3、.wma 等格式）。插入 | 影响和声音 | 文件中的声音。三是插入 CD 乐曲。插入 | 影片和声音 | 播放 CD 乐曲命令。四是插入影片（支持 .avi、mov、qt、mpg、mpeg 等格式）。插入 | 影片和声音 | 文件中的影片，双击所需的影片文件，即可将影片插入幻灯片中。注意弹出对话框的处理。

（九）幻灯片的基本操作

在制作演示文稿的过程中，经常需要插入幻灯片，也需要对幻灯片进行复制、移动和删除等操作。

1．幻灯片的选定

"先选后操作"是电脑对象操作的基本原则，可以对某张或多张幻灯片选定进行操作。在普通视图或浏览视图下选定幻灯片。

2．幻灯片的插入

（1）插入 | 新建幻灯片。

（2）普通视图下，左侧右键 | 新建幻灯片。

（3）快捷键 Ctrl+M。

3．幻灯片的复制粘贴

快捷键 Ctrl+C、Ctrl+V。

4．幻灯片的移动

快捷键 Ctrl+X、Ctrl+V。

5．幻灯片的删除

快捷键 Delete。

6．幻灯片的隐藏

幻灯片放映 | 隐藏幻灯片，可以使选定的幻灯片在放映时隐藏起来不显示，但是在编辑状态仍然可见。

（十）演示文稿的修饰与美化

1．添加动画

（1）为幻灯片添加动画效果。在普通视图或幻灯片视图中选定需要设置动画效果的幻灯片，执行 | 幻灯片放映 | 动画方案。

（2）自定义动画。

2．设置切换效果

也叫过渡效果。具体操作步骤为：打开"PPT"，点击顶部的"切换菜单"，找到"切换到此幻灯片"，点击旁边小的倒三角形，选择一种切换效果。设置好以后，我们还可以设置该过渡效果的一个效果选项。

3．插入超级链接

（1）通过菜单命令插入。

（2）通过插入动作按钮创建超级链接。

4．配色方案与背景颜色

（1）配色方案。一是系统默认的配色方案，选择其中一个进行应用。二是自定义配色方案。

（2）背景颜色。背景颜色的改变与调整、更改背景的填充效果。

5．使用设计模板

模板是一个扩展名为 .ppt 的演示文稿文件，包含了预定义的文字格式、颜色和图形等一系列设计方案。

执行"格式"|幻灯片设计|单击其中的设计模板链接。

6．使用幻灯片母版

（1）功能。实际上就是一种特殊的幻灯片，它包含了幻灯片文本和页脚（日期、时间和幻灯片编号）等占位符，这些占位符控制了幻灯片的字体、字号、颜色包括背景色、阴影和项目符号样式等版式要素。

（2）组成。包括幻灯片母版、讲义母版、备注母版三种类型。

（3）使用幻灯片母版。视图|母版|幻灯片母版|，一般包括两个母版，一个是标题幻灯片，另一个是其他幻灯片使用的母版。

（十一）演示文稿的放映、打包及打印

1．设置放映方式

放映类型有演讲者放映、观众自行浏览、在展台浏览三种。

2．幻灯片的播放控制

从头到尾按 F5 键，当前幻灯片有两种方式：一种是 Shift+F5，另一种是状态栏下面的"酒杯型"按钮。

3．演示文稿的打包

（1）打包成 CD。

（2）打包到文件夹。

（3）使用 PPT 播放器播放演示文稿。没有安装软件，也可以使用播放器进行放映演示文稿。

4．演示文稿的打印

（1）页面设置。

（2）预览打印设置项。

（3）打印设置项。

二、PowerPoint 设计应用基础知识

（一）基本知识

1. PPT 的结构

一个完整的 PPT 结构应分为封面、目录、章节、内容和结尾五大部分。

（1）**封面页**。封面是观众第一眼看到的，因此要求大方、美观，给人一个美好而深刻的第一印象，罗列出主要信息如标题、时间、主讲人、联系方式、与主题相关的元素。一般有纯文字封面和图文并茂的封面两种。

（2）**摘要页**。目的、方法、结果和结论等基本要素，整个页面用文本对象，少用图片。

（3）**目录页**。使用目录能够更清晰地展现内容。

①项目符号 / 编号型目录。

②图标型目录。

③图片型。

（4）**转场页**。也叫过渡页，主要是根据目录来制作的，最简单的就是将目录放到一段内容的前面，再着重显示。也可以精心设计一番。

（5）**内容页**。内容页占据了 PPT 中大部分的幻灯片，表现形式多样，可以是文字、图片、图表、视频等素材。

（6）**总结页**。归纳总结，主题再次重申，现状概括和未来憧憬。

（7）**结束页**。一般包括致谢、联络方式等内容。是 PPT 表述语言的礼貌用语。

2. PPT 设计原则

（1）**目标单一**。制作 PPT 时不要想着将一份 PPT 用于多个场合，否则很难确定 PPT 的中心思想。因此，制作 PPT 时一定要坚守一份 PPT，一个目标的原则。

（2）**逻辑清晰**。在制作 PPT 时应该将主题确定，然后围绕这个主题展开多个节点，最后用相关的内容对这些节点进行说明和表述。

（3）**中心明确**。两个中心分别是指演讲者和每一张幻灯片的话题中心。PPT 在演讲中主要起辅助作用，演讲者才是中心。同一时刻只能让一个点吸引观众的注意，其余的都是点缀，观众了解关键词和问题后，就会带着问题听取演讲者的讲述。

（4）**风格简明**。一般情况下，一个 PPT 应该做到不超过 3 种字体、3 种色

系、3 种动画效果。

（5）**概念从少**。每张幻灯片传达 5 个概念，效果是较好的，多于 5 个，人的大脑负担过重。

（6）**图表优先**。八字真言："文不如表，表不如图。"

（二）PPT 制作流程

1. 情景分析

情景分析是指对演示文稿放映环境的分析，主要包括面对的听众、演讲的环境，以及演讲所需要达到的目的等内容。

（1）**听众分析**。一定根据听众的思维来构思幻灯片的逻辑结构。听众是谁、听众知道些什么、听众的期待和偏好是什么、听众感受和兴趣点在哪里、怎样激发他们的兴趣。

（2）**环境分析**。听众人数、会场大小、设备状况、时间长短、会场氛围。

（3）**目的分析**。只有掌握 PPT 演讲时的目的，才会有所侧重地传递信息、刺激思维、说服听众。

2. 结构设计

（1）确定主题。

（2）确定结构。

①写出你的演示或汇报目标。

②分析你的听众，找到最适合他们的表达方式。

③将构思 PPT 的过程绘制成思维导图。

④为每个核心要点寻找最有说服力的论据。

⑤及时记录下头脑中闪现的灵感。

3. 内容编排

根据实际情景需要，进行内容编排。

4. 提炼与美化

（1）**精炼内容**。使用时一定要取其精华，去其糟粕，做到精益求精。文字不要太多，不要整版都是文字。

（2）**制作专业的主题**。一是统一风格，二是统一版式，三是统一文字，四是统一色调。

（三）PPT 版式与布局样式

1. 布局样式

（1）**标准型**。常见简单而规则的版面编排类型，一般从上到下的顺序为：

标题 / 标志图形 / 图片 / 图表 / 说明文。

（2）**全图型**。用一张图占据整个版面，然后在适当的位置直接加入标题、说明文或标志图形。

（3）**文字型**。文字是主体，图片仅仅是点缀。

2. 注意事项与技巧

一是一张幻灯片一个内容；独立对象不能太多，不要超过 2~4 个单位区域。二是整体版面要协调，尽量做到"横向同高，纵向同宽"。三是要符合视觉习惯，从左到右、从上到下、顺时针、Z 字形等自然序列。四是用图形来引导文字，例如，增加自定义图形背景、边框等，增加视觉效果。

（四）文字型幻灯片的处理

1. 文字幻灯片的类别

一是要点型、说明型文字幻灯片。通常由一个标题或一个中心主题和若干个说明要点纲要共同组成。二是步骤推导型幻灯片。突出事物之间的顺序，如循环关系和递进关系。三是关系说明型文字幻灯片。文字说明事物的关系，还包括筛选、讨论、矛盾关系、作用与反作用、部分与整体、平衡关系等。

2. 文字使用原则

一是尽量使用较大字体。原则上，标题字号不低于 32 磅（建议 44 磅），正文字号不低于 24 磅（建议 32 磅）。每相邻级别的字号差别不要大于 4 磅。二是字体不超过 3 种。三是文字内容一定要精练，最好事先进行提炼概括。四是布局规范统一。每张幻灯片的标题、正文内容一定要在统一位置上；文本与文本要对齐，文本与图片也要对齐。五是适度的间距。行距包括标题与标题之间、标题与正文之间，正文行与行之间。六是文字中末尾词组不可断，不能有错字、别字等。

（五）幻灯片中图形、图片的处理

1. 如何进行图文搭配

一是文字在图片内。选用的图片一定要拥有大面积的空白，这样在上面添加文本内容才能清晰可辨，否则影响效果。二是文字在图片外。只要将图片调整得与幻灯片的高度或宽度相同即可。三是使用图形在图片中添加文字。当素材中没有大面积的空白区域时，利用自选图形创建一块色调均衡的区域来放置这些文本内容，并设置适当的透明度，这样既让文字显得清晰，也能够清晰地观看图片。

2. 使用图片的原则

人物图片视线向文字。文字始终才是主角，图片只是配角，配角作用就是让观众注意到主角，所以人物图片的视线要尽量朝向文字。如果幻灯片中使用了两张人物图片，则需要将两者相互面对。多个人物视线要一致，地平线要统一，空白留一边，留前不留后。同时要注意到使用的图片一定要真实、清晰，主题要突出，细节要清楚，不能有变形和失真，图片位置不能随意摆放。

三、如何用 PS 配合设计

一份精美的 PPT，在设计时不仅要从内容的逻辑上去仔细推敲，还要从外观形态上去仔细设计。说到底是对设计者的美工、平面构图、颜色搭配等技术和技巧的考验。

俗话说，文不如图，图不如表，表不如视频。一个 PPT 中需要多种素材进行搭配才会好看，只有文字显得太呆板，只有图片没有文字显得没有厚重感。图片的原片不能直接满足设计内容的需要，一般都要进行后期处理。就像照相一样，好的相片都是后期加工处理的。因此，调整图片的颜色、设置图片的像素大小，以及编辑图片本身的内容等基本处理技能需要设计者掌握。因为在制作幻灯片的过程中需要用到简单的图片处理技术，由于本书不是介绍 Photoshop 图片处理的。因此，这里只是简单介绍如何使用 PS 进行抠图的思路。

为什么要抠图呢？因为背景要透明，即在 PPT 中只显示需要的前景图片，图片的背景与 PPT 背景图片要融合，即背景透明化和羽化。经过这样处理的图片，看起来就会很漂亮。过程大致为：打开 PS 软件，找到原图片；拖入或导入图片至 PS 工作区域；双击图层进行解锁；新建图层，同时移到原图层下方；选取或羽化选取将保留的部分；选择菜单——反选——按 Delete 键删除不需要的部分；裁剪——调整大小；另存图片为 png 格式图片（即透明背景）；导入 PPT 中再进行调整和编辑。

第五章 求职材料

求职材料可以说是自我推荐的工具，是求职的入场券。准备求职自荐材料的直接目的就是为了使用人单位能够对自己感兴趣，最终被录用。自荐材料一般包括封面、自荐信、简历、就业推荐表以及一些辅助材料。

第一节 准备求职材料概述

一、准备求职材料的原则

大学生准备求职材料一般应注意以下几个原则：

（一）内容翔实，格式规范

求职材料是对自己大学生活的一个全面总结，既要全面反映自身的基本情况，又要反映自己的特长、爱好；不仅要突出自己的优点、成绩，也要说明自身存在的不足；不仅要说明自己对用人单位提供职位感兴趣的原因，还要表达自己努力工作的决心。尤其必须要注意的是内容翔实，履历诚信。自荐材料的真实性是求职者的生命线，在编写自荐材料的过程中要持有客观真实的态度，用人单位一旦发现自荐材料有假，求职者便会失去理想的工作机会；即便求职成功，领导一般也不会轻易委以重任。此外，自荐材料在文体上本身就属于实用文书写作中的说明文一类，其目标是指向求职就业，因此切不可过分追求文笔超脱、言辞华丽，以致舍本逐末。另外，简历、自荐信等都有各自相应的格式，应该规范。

（二）突出重点，言简意赅

一份好的求职材料首先应该把该求职者所有基本方面的情况以及所有的闪光点都展示给用人单位，避免有遗漏。但是，在面面俱到的同时，还应该做到突出重点。所谓的重点包括两个方面的含义：一方面强调自己最有优势、最与众不同的方面，展示自己的特色；另一方面，针对用人单位的要求强调自己的特点与其要求相符合的地方。例如，比如你想去应聘沿海地区"外资"企业的职位，你可以着重强调你的外语水平，或者干脆就准备中英文对照的材料；用人单位如果是政府机关，则可以强调自己曾经在类似的单位的实习经历。这样有针对性的材料不仅能让用人单位在较短的时间里了解到他们需要的内容，而且会让他们认为你是一个很用心的人，为你在求职时锦上添花！

有的同学认为求职材料做得越复杂、越厚越好，其实不然。因为一场招聘会下来，用人单位往往会收到几十份甚至几百份材料，他们是没有足够的时间细细翻阅的。一般情况下，用人单位花在每份求职材料上的时间也就一分钟左右。所以，如何让用人单位在这短短的一分钟里决定给你进一步接触的机会，就一定要使自己的求职材料言简意赅，用最精练的语言表达你需要表达的内容才是最好的选择。

（三）设计美观，杜绝错误

准备求职推荐材料的目的之一就是要吸引招聘单位，引起对方的兴趣，因此，自荐材料从形式到内容、材料的结构和组织取舍，完全可以发挥求职者的创造性和丰富的想象力，同时，也要充分展示自己的个性特征，使自己的自荐材料具有他人不可取代的独特性。一些用人单位常常被这些创造性强、独具匠心的自荐材料所吸引，下定了进行面试录用的决心。但独具匠心并不等同于求奇求异，切忌把材料搞得花里胡哨，哗众取宠，要把握好尺度。求职自荐材料在注意内容的同时，还必须特别注意形式，即求职材料的设计应该美观、大方、得体，这是吸引用人单位的必备方面。一般来讲，求职择业材料，无论是文字的，还是表格的，都应采用相同尺寸的 A4 纸打印或复印后进行装订，达到整齐划一的效果。所有材料都要进行必要的版面设计，如果设计毫无特点和新意，就很容易淹没在众多材料中，难以脱颖而出。

整份材料要求整洁美观，让人看上去觉得舒服。但最重要的一点是要杜绝错误，无论是语法错误、错别字、标点符号或是印刷错误都要避免。试想，一个连求职材料都错误连篇、漏洞百出的毕业生，他还会是一个认真的人吗？可能自己真的很出色，求职材料做得也很漂亮，但是就是因为不经意间的一个错误，使得用人单位对求职者的印象大打折扣。这是很不划算的。

二、求职材料的基本结构

广义的求职材料应包括封面、求职信、个人简历、就业推荐表、学习成绩单、各种证书、实践相关材料和有关科研成果证明及在学术期刊发表的论文。毕业生的求职材料应多方面、多角度、准确全面地反映自己的专业水平、组织能力、领导能力和综合素质。通过准备的书面求职材料，用人单位可从中了解到毕业生的身份、能力、综合素质等基本情况，以判断和评价毕业生的学习成绩、工作潜力，从而确定能否给毕业生提供面试的机会。

（一）封面

封面是整个个人求职材料的"脸"，封面设计既要美观、有个性，又要突出主要内容，不可过于花哨。成功的设计，会给用人单位留下一个良好的第一印象；若设计不成功，可能直接影响用人单位对你能力的评价。封面设计要有一个主题（标题），一个好的主题，往往能一下把用人单位抓住，促使招聘方进一步了解求职材料的具体内容。而且封面的设计风格与自荐材料内部主体内容风格要一致，具有统一性和整体性。一般求职材料封面应该包括以下内容：学校名称（可附上学校的标志性图案）、专业名称、学历层次、个人姓名、联系电话、电子邮箱等。

（二）求职信

求职信又称"自荐信"，是指求职者以书信的方式自我推荐、表达求职意向、阐明求职理由、提出求职要求的一种应用文体。它一般放在简历的前面，是招聘者了解毕业生的一个窗口，也是毕业生打动招聘者、吸引招聘者继续往下看的"引擎"。一般来说，个人简历叙述了求职者的客观情况，而自荐信则反映了求职者主观意愿，涉及具体求职问题，是自荐者与用人单位沟通的桥梁，与简历最大的不同是自信给了你比较充分地展示自我的空间，自荐信后往往要附上简历，所以自荐信不应简单重复简历的内容，而应有自己的风格。在成百上千的求职信中，如何使你的求职信与众不同且能脱颖而出，让用人单位给你一个难得的面试机会，求职信的质量事关重大。

（三）个人简历

个人简历是能让招聘者最简单明了地了解求职者概况的材料。据调查表明，在大学生求职较为集中的时段，规模较大的企业一般每天至少收到百多份简历。80%的企业HR在每份简历上所花费的时间只有8～10秒。如何让求职者的简历在这8～10秒内紧紧抓住HR的眼球，让对方产生兴趣，系统地提高简历写作水平很有必要。

（四）就业推荐表

《毕业生就业推荐表》是学校毕业生就业指导中心发给每一位毕业生填写的并附有学校毕业生就业指导处意见（鉴定、评价）的书面推荐表格。该表一般由三部分组成：一是毕业生本人的情况介绍，包括本人及家庭基本情况，在校期间学习成绩和奖惩情况；二是毕业生所在院系推荐意见；三是毕业生所在学校就业主管部门的推荐意见。毕业生就业推荐表是学校为帮助毕业生就业，专门向用人单位出具的一份正式的推荐函。推荐表能证实该生的毕业身份、专业、培养方式等，并向用人单位简要介绍该生的在校表现，是毕业生求职的重要材料。推荐表由毕业生本人按要求认真如实填写，院系严格审查并加盖公章，经学校毕业生就业主管部门签章后用于向用人单位推荐。

由于高校毕业生在求职择业时还未毕业，没有毕业证及学位证等证明自己身份的证件，《毕业生推荐表》就成了毕业生的唯一身份证明。用人单位往往对该表比较重视，在录取毕业生之前往往要先见到该表原件。因此要求毕业生在填推荐表时，应本着诚实客观、认真负责的态度填写，既不贬低自己，也不过分夸张，字迹要工整、清晰、整洁，最好用碳素墨水或蓝黑墨水书写，以便于复印和留存。

（五）其他的辅助性资料

毕业生要准备好如获奖证书、成果证书、技能考核证书等各种反映自己各方面能力的证明材料的复印件，这些材料是对求职信、个人简历的有益补充。推荐表是毕业生自己学习、工作、生活的简单概括，是推荐毕业生的最重要文件，写求职信和毕业生基本信息的目的是让用人单位更加全面地了解自己，以求得面试的机会。

第二节　求职信与简历制作

一、求职信

求职信是求职者向用人单位或单位领导人介绍自己的实际才能、表达自己就业愿望的一种书信。多数用人单位都要求求职者先寄送求职材料，由他们通过求职材料对众多求职者有一个大致的了解后，再通知面试或面谈人选。因此，求职信写得好与坏将直接关系到求职者是否能进入下一轮的角逐。

（一）求职信的内容

求职信一般说来由标题、称呼、正文、落款四部分组成。求职信的基本内容包括以下几个：

1. 标题

求职信的标题通常只由文种名称组成，即用较大字体在用纸第一行中间标注

"求职信"或"自荐信"三个字，且要显得醒目、简洁、大方、美观。

2. 称呼

求职信的开头要写明收信人的称呼。在格式上，称呼要在信笺第一行起首的位置书写，单独成行，以示尊重。如果对用人单位的性质及负责人比较明确，可直接写出负责人的职称、职位。如"尊敬的王经理""尊敬的李部长"。如对用人单位的性质及负责人不清楚，可写成"尊敬的领导"等，最好不要直接冠以最高领导职务，这样容易引起第一读者的反感，反而难达目的。称呼之后用冒号，然后另起一行，写上问候语"您好"之类的话，紧接着写正文。

3. 正文

正文是自荐信的核心，开语应表示向对方的问候致意。主体部分一般包括简介、目的、条件展示、愿望决心和结语五项内容。

简介是自我概要的说明，包括自荐人姓名、性别、民族、年龄、籍贯、政治面貌、文化程度、校系专业、家庭住址、任职情况等要素，要针对自荐目的做简单说明，无须冗长烦琐。

目的要写清信息来源，求职意向、承担工作目标等项目要写得明确具体，但要把握分寸、简明扼要，既不能要求过高又不能模棱两可，给人以自负或自卑的不良印象。如："得悉贵公司正在拓展省外业务，招聘新人，且昨日又在《××商报》上读到贵公司招聘广告，故有意角逐营业代表一职。"记住不要在信中出现"冒昧""打搅"之类的客气话，他们的任务就是招聘人才，何来"打搅"之说。如果你的目标公司并没有公开招聘人才，即你并不知道他们是否需要招聘新人时，你可以写一封求职信去投石问路，这种情况下用"冒昧"二字就显得很有礼貌。

条件展示是求职信的关键内容，主要应写清自己的才能和特长。要针对所求工作的应知应会去写，充分展示求职的条件，从基本条件和特殊条件两个方面解决凭什么求职的问题。基本条件应写清政治表现和学习活动两方面内容。政治表现要从活动和绩效方面写，如党校学习、参加活动、敬业态度、奉献精神、合作意识等方面，并佐以获奖和资格证书。学习经历要写清主、辅修专业课程及成绩状况，对于英语、计算机和普通话等级的情况也需一一说明，对于为人处世、组织管理、社会调查、实习设计及论文答辩等方面的情况也要略加提及，有特殊技能的也要加以强调，如操作实践、文体书画、写作口才等特长，以展示自己的能力，突出个性特征。

愿望决心部分要表示加入对方组织的热切愿望，展望单位的美好前景，期望得到认可和接纳，自然恳切，不卑不亢。

结束语可提醒用人单位希望得到他们的回复或回电，以表达你希望用人单位给你面试机会的心愿。结语一般在正文之后按书信格式写上祝语或"此致敬礼""盼复"等。

4. 落款

落款包括署名和日期。署名应写在结尾祝词的下一行的右后方，署名要注意字迹清晰。日期应写在名字下方，一般用阿拉伯数字，并且要把年、月、日写上。若有附件，可在信的左下角注明。如"附1：个人简历""附2：获奖证明"等。

（二）求职信的写作注意事项

求职信写起来不难，但写好不易。求职信因其特殊性，要求毕业生写出的求职信，既要有吸引力，又不落俗套，还要突出自己的个性和特长。

（1）精心设计。求职信可以算作个人的广告，所以一封内容充实、结构严谨、有创意的求职信将使用人单位有耳目一新的感觉。在求职信中，对自己的优缺点需要进行艺术处理。毕业生既不能对自己缺乏自信，也不能自吹自擂，炫耀浮夸。适度的谦虚是一种美德，也会使用人单位产生好感，但过分的谦虚容易使用人单位产生一种虚假无能或缺乏自信的感觉。在竞争日益激烈的社会，没有一家用人单位愿意录用一个没有自信的人，这样就会白白断送求职机会。与此相反，个别同学认为求职是一个自我推销的过程，既然"推销"就应该进行精心包装，但在经验丰富的人事主管面前，这种不切实际的自吹自擂很容易被揭穿。写求职信不能只写优点，回避缺点，也不能让缺点比重过大，应做到适度"推销"。

（2）语言得体、恰如其分。求职信要做到文字工整、清洁、美观，不要出现错别字，语气恰如其分，语句流畅通顺，文字通俗易懂，切忌字迹潦草、书写脏乱、滥用词句、哗众取宠。"字如其人"，整洁、美观的字会给用人单位留下严谨、干练、利索的感觉，而字迹潦草、龙飞凤舞则会给用人单位留下办事草率、敷衍了事的不良印象。求职信最好用电脑打印。求职信篇幅要适中，不宜过长，最好1页纸。能够打动阅读者，就算成功！"莫以长短论英雄"。在一份比较成功的求职信中，千万不要出现错别字，不要以为瑕不掩瑜。同时避免使用"我觉得""我想""我看"等字眼来说明自己的观点，也忌用"我非常希望""我真的喜欢"之类的强调语气。

（3）针对性要强。写求职信要有的放矢，研究应聘单位的性质和特点，适合对方口味，使之感到自然亲切。求职信的种类很多，但大体有三种情况。第一种是具有高度针对性的信，是针对某一单位的某一个人或该单位的某一具体问题而写的。寄一封文情并茂的求职信给用人单位负责人，或利用某人新上任或新到任的机会，写信表示面谈的要求，是一种有效的求职方式。第二种信可称为"广普信"，适用于不同的对象，优点是可以大量复制，到处投递，节省精力和时间，但内容缺乏针对性，求职效果不好。第三种综合了以上两种求职信的特点，可称为"混合型"。信的主体部分固定不变，只是开头和结尾根据不同的对象安排不同的内容和措辞。我们认为第一种求职信，即有针对性的求职信是最有效的，因为它不仅仅是建立在对自己了解的基础上，而且要建立在对招聘单位了解的基础上。要想通过信件使对方对你感到满意，仅仅把求职信的文字组织好、表达好是远远不够的，还必须深入了解招聘单位以及所要应聘工作的情况，针对所应聘工作的性质、需要和特点，有针对性地介绍自己的能力和特长。有时甚至要了解招聘者的兴趣、爱好和个性特点，使对方感觉到你的信有一种亲切感。

求职信写作虽有一定的自由度，但务必要注意文明礼貌，诚朴雅致，特别要注意突出才艺与专长的个体特征，注意展现经验、业绩和成果，精心设计装帧，讲求格式美观雅致、追求庄重秀美，使其为你带来佳音。

二、简历制作

所谓简历就是概括介绍毕业生个人基本情况，并对个人的技能、成就、经验、教育程度、求职意向作一个简单的总结，虽然应届生由于刚刚毕业简历上可圈可点的内容很少，但是简历就是一个反映你现在情况的途径，所以做好简历是很有必要的，而对应聘者来说简历也是很重要。

（一）简历的基本内容

一般说来，人事主管对应聘者的简历是非常重视的，个人简历就是毕业生推销自己的广告和名片，应精心设计一份属于自己的个人简历。但很多应届毕业生对简历并不重视。要么敷衍了事，要么轻率地抄袭他人的简历内容。所以，用人单位有时单从内容上看，似乎应届毕业生的经历、思想意识都是大同小异的，而在实际接触（面试）时，能力、素质和个性又是那么地不同。所以，即将毕业而走向求职道路的应届毕业生们要重视自己第一份求职简历的设计与制作。在目前全球经济尚未复苏而我国的大学"扩招"效应已使得人才市场呈现供大于求的今天，谁能未雨绸缪率先掌握简历的书写要领并认真地准备好求职简历，谁就可能在今后的求职道路上走得更顺畅一些，至少被埋没的概率要小一些。简历并没有固定的格式，对于社会经历较少的大学毕业生，一般包括个人基本资料、求职意向、学习经历、工作经验、能力和专长、奖励情况等。其主要内容和大体要求如下：

（1）标题：一般为"简历""个人简历"或"求职简历"。

（2）个人信息：包括姓名、性别、年龄、民族、籍贯、政治面貌、最高学历、就读院校、专业、通信地址、联系电话及 E-mail 等。

（3）教育背景：主要指中学到大学的教育经历。一定要依次写清楚所就读的学校、院（系）、专业（方向）、学习和工作年限。一般采用时间倒序排列，由高到低，即高学位、高学历先写，目的在于突出你的最高学历。

（4）学习或业务专业：这是对毕业生在工作、生活及个人兴趣发展方面所具备的知识、能力的综合反映。它是胜任应聘职位实力的体现。所以，一定要认真对待，仔细推敲字句。

（5）实践活动和社会工作经历：这是简历的主体部分、核心。随着用人单位对毕业生综合素质要求的不断提高，特别是三资企业，更注重毕业生的工作经历，所以一定要认真对待。大部分在校学生都没有多少社会工作经历，但在学校所承担的社会工作、组织（参加）活动的情况、假期社会实践活动或短期打工的工作经历都足以让用人单位从中窥见你的志向、爱好，你的组织能力、领导能力、团队协作精神和吃苦耐劳精神等。

（6）所获证书：外语作为一种工具，计算机水平作为一种技能，越来越被用人单位重视。因此，毕业生要对这些方面的能力水平进行自我评价，并注明取得的资质或等级证书。如果会开车，并已取得驾驶资格证，也千万别忘了写上。

（7）兴趣、爱好：如有特殊兴趣爱好，且与你所求职务有很大联系，在篇幅允许的情况下，最好写出来，有助于用人单位对你进一步地了解。

（8）求职意向：用于表述求职者的愿望（目的与动机）且最好与招聘职位相符，表述应力求简明。

（二）简历的制作要求

（1）诚信真实。简历首要的最基本的要求就是客观真实，没有任何一个用人单位能容忍一个没有信用的求职者。一些不明智的求职者为了使自己能在竞争中胜出，往往喜欢在个人简历中"做点文章"，例如没有获奖说自己获奖，英语四级都没通过说自己通过了六级等，企图能瞒天过海，认为只要能通过目前这一关"一切都好说"。其实阅历丰富的人事经理看过数以千计的个人简历，他们对简历往往有敏锐的分析能力，任何遮遮掩掩或夸大其词的行为都终将会被看穿。而一旦被发现，也就失去就业的机会。

（2）简明扼要。简历应该尽量短小精悍，文字上要"简"，内容上要"精"，"简历越长，求职者越无足轻重。"这句话是有道理的，语言要简洁明快，避免冗长啰唆。一些大学生总认为简历写得越长，越能表明自己更有资历，其实不然。要记住，要想在招聘会上使用人单位在短时间内对求职者留下深刻印象，简历不做到短小精悍是不行的。

（3）重点突出。求职者应目标明确，简历要突出重点，突出优势和特长，重点要与用人单位需要相符合。重点的内容可以通过不同的文本修饰功能去表现，例如黑体字和粗体字等。有重点、有层次感的简历才能使你的简历脱颖而出。

（4）针对性强。对于不同的行业、不同的企业、不同的职位，求职者应当事先经过分析，有针对性地设计和准备简历。要做到有的放矢，对症下药，不能盲目地将一份标准版本大量复制，投递任何一家单位的简历都是千篇一律，应当备有几份不同的简历，在应聘某一企业的时候选择最合适的一份并进行进一步的修改。单位总是关注应聘者与之相关的知识背景和实践经历，因此，要针对自己应聘的单位和职位列出自己这方面的专长，你学了什么，在这方面有什么实践成果等，这样的简历才会更容易在求职过程中胜出。

（5）说明客观。简历应该是客观的自我说明，应用说明性的语言向用人单位进行介绍。简历的行文要以简明的短句为主，切忌使用文学性、抒情性的语言。口号性的空话、虚话、大话不能放在简历上，因为简历的语言要求是清楚、准确、规范、精练。一份简历能看出一个人的语言文字修养，而招聘人员考察应聘者的文字能力、细心程度等内容就是从简历开始的，因此马虎不得。不要使用拗口的语句和生僻的字词，或者卖弄文学水平，咬文嚼字。

（6）设计美观。简历的目的是给面试者留下深刻的印象。首先要在外观上出众，才能抓住招聘者的目光。但需要注意的是，简历不必弄得太花哨，只要简约、大方就够了，在简历的外观上花太多的心思完全没有必要，毕竟设计只是外表，而决定胜负的是内涵。同时，做一个设计美观的封面也是必要的。

（7）文字效果。简历设计要充分考虑内容文字的效果，如重点是否突出？字号是否合适？行距是否紧密？既要考虑美观，又要考虑方便阅读是外观设计的基本原则，同时也要注意做到简历的干净整洁。

个人简历

◆个人概况

姓名：×××	性别：女
学历：专科	政治面貌：中共预备党员
毕业院校：×××大学	专业名称：工商管理
校内职务：班级学习委员	爱好特长：音乐、绘画、手工

联系电话：1395000×××　　　　　　　E-mail：xiaoliu234@tom.com

◆教育背景

2016 年—2019 年就读于 ××××

2012 年—2015 年就读于 ××××

◆综合素质

掌握系统的工商管理理论知识，并具有一定理论应用实践的能力。

曾在校学生会社团部担任干事，在班级担任组织委员和学习委员，有较强的统筹安排能力和口头表达能力，具有良好的团队协作精神和强烈的集体荣誉感，敢于接受挑战，勇于不断创新。

开朗乐观，待人诚恳，善于与人沟通，虚心向他人学习，脚踏实地。

◆知识技能

曾参加集美大学创业大赛，负责飞翼环保小组创业计划书的整体编写。

通过了省计算机一级，能熟练操作 Word2000、WPS 及 Excel 等办公软件。

通过了全国计算机二级，掌握了 C 语言程序的基本操作。

通过了中级秘书职业资格考试。

◆实践经历

2016 年 1 月—2 月，宝洁公司驻厦门销售处兼职促销人员。

2017 年 9 月—10 月，小护士防晒系列在厦门的市场调查。

2017 年 12 月，设计捷安特自行车的平面广告。

2018 年 2 月—3 月，×× 银行 ×× 分行人力资源部实习。

2018 年 3 月—6 月，在集成电脑公司协助市场部做数据调查和展场工作。

◆所获荣誉

2016 年，参加我校"爱国魂民族颂"诗词朗诵赛，获"三等奖"。

2017 年，参加学校"海报设计大赛"，获"金奖"。

2016—2017 学年度，被评为"年度优秀团员"。

2017—2018 学年度，被评为"年度优秀学生干部"。

◆求职意向

市场营销、文秘、广告策划

求职材料的制作并没有固定的模式，高职毕业生在制作求职材料的时候，一定要先做一番精心的策划和构思。制作好一份求职材料，是综合能力的体现。要本着尊重对方、张扬个性、展示才华、实现自我的积极心态来制作求职材料。

第六章　面试技巧

面试是求职过程中进行考核的一种重要方式，主要是通过一定的方式比如面谈等形式考查考生的组织协调能力、人际交往能力、领导能力、决策能力，同时还考察其灵活性、自信心等，一般用人单位喜欢用面对面的形式考察应聘者的口才和反应能力，所以，如何成功面试是打开就业之门的有效方式。

一、常见的面试类型

（一）问答式面试

这种面试是由面试考官根据准备好的问题或者具体情况提出问题，由面试者回答，有时主试人会有意识地对应试者提出一连串问题。目的就是为获得相关真实、有效的材料，了解面试者的基本状况以及一些基本综合素质，观察应变能力和机智程度等。

（二）实战型面试

这种面试是在一段较短时间里（15 ～ 45 分钟），由面试考官提出一个问题或者一项计划，在规定的时间里解决，以判断实际解决问题的能力和水平。这种面试通常要求应试者有比较高的业务水平和专业素质以及解决问题的能力。

（三）闲聊式面试

此种面试没有设定任何主题和内容，由面试考官与应试者进行交谈，让应试者自由地发挥自己的观点，提出自己的想法，谈话的内容轻松，面谈气氛活跃，这种面试主要是在闲聊中考察应试者的知识水平、谈吐、风度和综合分析能力等。

（四）综合型面试

在面试过程中，由主试方通过多种方式综合考察应试者多方面能力，如可能用英语对话，或者让应试者写一段文字，考察书法水平，有些甚至还与面试者一起用餐，以考察应试者的社交能力和水平等。

（五）笔试

一般规模比较大的单位的招聘、技术要求较高的职位招聘或者教师等职位往往采用笔试的考核方式，对应聘者所要掌握的基础知识、专业知识、文化素养以及文字表达能力等综合测查。这种面试方式对文化素质要求比较高，也是相对公平的考察形式。目前的笔试形式有对心理的测试、专业测试、写作等形式。

二、面试的特点

（一）互动直接性

面试中与主考官的评判是直接相连的，应试者的语言及行为表现直接影响主考官的评判。面试中主考官与应试者的接触、交谈、观察也是相互的，是面对面进行的，主客体之间的信息交流与反馈也是相互作用的。面试的这种直接互动性提高了主考官与应试者间相互沟通的效果与面试的真实性。

（二）内容的灵活多样性

面试内容对应试者来说是相对变化的、灵活的，具体表现在以下几个方面：

（1）面试内容因应试者在面试过程中的面试表现不同而无法固定。面试的题目一般应事先拟定，以供提问时参照。但并不意味着必须按事先拟定好的题目逐一提问，毫无变化，而要根据应试者回答问题的情况，来决定下一个问题问什么？怎么问？如果应试者回答问题时引发出与拟定的题目不同的问题，主考官还可顺势追问，而不必拘泥于预定的题目。

（2）不同工作岗位，其工作内容、职责范围、任职资格条件等都有所不同，例如国家技术监督局的有关技术监督岗位和国家人事部的考录岗位，无论其工作性质、工作对象，还是任职资格条件，都有很大差别。因此，其面试的内容和形式都有所不同，面试题目及考察角度都应各有侧重。

（3）面试内容因应试者的个人经历、背景等情况的不同而无法固定。例如，两位应届大学生同时应聘销售岗位，一位在大学时有过比较丰富的兼职营销工作的经历，一位是做过学生会干部。在面试中，对前者应侧重于询问其从事营销的实践经验，对后者则应侧重于了解在校学习期间的情况，面试内容因工作岗位不同而无法固定。

（三）面试的实效平等性

面试可以通过实际操作或者面谈考察面试者的技术水平、个人才能以及综合素质，有效地提高人才选拔的质量和效果，避免人才选聘中的盲目性，这也是面试的实效性的表现，也因为这样，在一般人面试思想观念中，面试的双方似乎总是不平等的。主考官总是掌握着主动权，他有权选择要或者不要你。在这样的压力下，面试者总是抱着被选择的心态，争取自己的最佳表现，以得到面试方的赏识。但是，事实上面试时你在被主考官选择的同时，你其实也是在选择他以及他所代表的单位，你们是平等的。所以，在面试中，你更应该真诚自信应对，展现自己的个性，和主考官之间形成一种平等的对话，请你相信：平等的对话以后，就会是平等的结局。

三、面试者的心理与心理偏差

面试的最佳结果是面试官全面而准确地觉察到了考生的优势所在，这是每一个面试者梦寐以求的结局。但在面试的特定情境中，多数的面试者是一半清醒着一半沉睡着的。经常是面试还远未开始，多数的面试者就已进入这种沉闷的自我混乱状态之中了，原因是多方面的，主要是由于认知的偏差、焦虑、恐惧等莫名的情绪。

在面试过程中，面试者担任一种接受提问与考察，同时又要自我表现的角色。这种角色往往让面试者出现两种极端倾向，或者因过于拘谨而表现不足，或者因表现过分而卖弄做作。这两种倾向都会影响面试成绩。面试者的心理与心理偏差可以归纳为以下几个方面：

（一）期望过高

有些面试者看社会过于理想化，不能正确评估自己与周围环境，常常对自己期望过高。在面试过程中，这类应试者表现出居功自傲、盛气凌人、目空一切、舍我其谁的态势。他们一般个性鲜明，或某方面有专长，或过去多受奖励。但期望值过高、过于自负的应试者往往事与愿违。克服期望过高的办法是，有意识地参与社会生活，拉近自己与现实生活的距离，提高自己的自我评价能力与适应社会的能力。

（二）求全心理

一方面，面试者希望自己选择的工作单位待遇高，福利好，工作舒服；另一方面，又希望能专业对口，发挥自己的特长，得到领导的重用。这种求全心理在初出茅庐的大学毕业生身上体现得较为明显。

（三）趋同心理

指面试者一味迎合、顺从主考官的倾向。具体表现为对考官言听计从，甚至言行举止都愿与主考官保持一致。趋同心理的根源在于缺乏应有的个性品质。如缺乏自信、盲从模仿、无主见等。

（四）表现心理

指应试者主动展示自我的倾向。表现心理强的应试者可能主动与考官握手，回答问题时可能抢答，自我表白，言语过多等。面试者的适度表现是正常的，但过分表现就可能给主考官留下相反的印象。

（五）负重心理

指面试者因对面试期望过高而产生的心理负担过重的倾向。具体表现为心理压力大，急躁、焦虑、思想不集中，甚至出现晕场现象。

（六）戒备心理

指面试者与主考官之间因彼此陌生而出现的心理上的距离感，具体表现为应试者过于拘谨、防范、疏远、不愿说心里话等。

（七）掩饰心理

指面试者企图掩盖自身缺陷的倾向。表现在回答问题上，支吾搪塞、答非所问；表现在言行举止上，神色不安，抓耳挠腮，避开主考官视线等。此类应试者或者虚荣心较强，或者有明显的缺陷和弱点。

（八）怀疑心理

指应试者对面试过于敏感和多虑的倾向。表现为对考官的警惕性，对面试过程的敷衍态度以及对面试得分过于关注。其原因主要是对面试本身的公正性持怀疑态度，或是个性原因，如对自身能力缺乏信心，性格内向，顾虑较多等。

（九）完美心理

绝对的完美主义者即意味着永远的自我否定者，因为他永远达不到他为自己所定的任何一个目标；绝对的完美主义者亦意味着不知轻重、不分主次，他会强迫自己在每一个细节上做过分的不必要的停留。

一般的完美主义者只是希望别人把他看成是一个无可挑剔的人。他认为，如果在日常工作中被老板发现了不完美之处，自己就会坐失良机。于是，他平时不轻易讲话，开会时坐在后排，尽可能地不引人注意，唯恐他人发现自己的缺点。

面试前，完美主义者最常做的，是自己给自己制造数不清的想象中的心理压力；面试中，完美主义者会尽量地掩饰、遮盖自己的不足之处，却忽略了面试的根本目的——全面而准确地展现自己的优点。心理学研究指出，一个人的缺点必然是越抹越黑，一个人的优点则是越擦越亮。

（十）恐惧心理

面试恐惧心理的表现形式有以下三方面：

（1）陌生恐惧。一见陌生人便脸红、紧张、说不出话，感到浑身不自在，这便是陌生恐惧。其实，别人在你的眼里是陌生的，你在别人眼里也是陌生的，所以大可不必恐惧。

（2）群体恐惧。当你去某单位人事部门应聘，而办公室里有许多人时，你发觉众人的目光都在投向你，便会感到一阵紧张，很不自在。因为对方是一群人，而你是单独一人，自然而然就产生一种群体恐惧。这时，就应该这样想：我是来应聘的，而我各方面的能力水平都不错，正是他们理想的人选。

（3）高位恐惧。当去某单位应聘时，面试的主持人如果是高级领导干部，则往往会被他们的赫赫名声吓倒，一见面就会莫名其妙地紧张和不安，这就是高位恐惧。其实，应当这样想：对方地位高，名声大，但他们不是神，地位和头衔不过像一个人的衣帽罢了，从人格上说，人人都是平等的。这样便会增加自己的勇气，建立与对方平等的新关系，使面试顺利进行。

（十一）自卑心理

自卑感往往产生在自我表现的过程中，要克服自卑感还必须学会恰如其分地表露自己的才能。参加面试的人都有或强或弱的自我意识和自尊心，他们会较多地考虑自己的社会地位和未来的发展，注意别人对自己的评价。当他们发现自己的某些缺点，特别是求职面试过程中受到挫折后，为了维护自尊心，就会在面试中采取退避三舍的态度，表现出一种自卑的倾向。

（十二）怯场心理

怯场心理是指在面试临场条件下心情过分紧张和焦虑，导致感觉的敏锐性下降，知识、技能的回忆受阻，注意力集中不起来，影响自己原有能力发挥的心理现象。运动员可能是面临很强的竞争对手而怯场，歌唱演员可能是由于不适应新的演出环境而怯场，大学生可能是由于缺乏经验，害怕失败而怯场。凡此种种，原因是千差万别的。从现象上看，怯场往往是不适应、担心、害怕的结果。在不同的场合下，怯场的原因很不一致，表现在以下几个方面：

1. 评价能力

面试焦虑与个人的认识能力息息相关。如果求职者把面试视为关系自己终身前途的奋力一搏，一旦失败，什么前途、理想、荣誉、幸福都将付诸东流，抱有这样认识的，其面试焦虑水平必然很高。其实，这种认识评价是不全面的。

2. 成熟程度

随着年龄增长，焦虑水平显著上升。特别是求职者，由于已踏入人生"十字路口"，能充分意识到面试成绩对求职的影响，因此，焦虑水平显著升高。不同年龄阶段的求职者，在面试时焦虑水平高低有别，它体现着生理成熟对个体焦虑水平的影响。

3. 应试技能

训练有素的求职者，对题型、解题思路、答题要点、答题要求等问题心中有数，加之知识储备较多，在面试时就会得心应手、处之泰然，分清轻重缓急，井然有序地回答问题。而平时缺乏训练，没有很好掌握基本应试技能的人，在面试临场时极易产生慌乱现象，以致白白浪费宝贵时间，而时间不够用时，又更为紧张。这说明应试技能也是影响求职者焦虑水平的不可忽视的因素。

（十三）羞怯心理

每个人都存在程度不同的羞怯心理，只是那些性格较内向、平时不太喜欢社交的人表现得更加明显。但是，较强的羞怯心理往往会对一个人的事业产生一定的影响。在羞怯心理的支配之下，由于心情紧张的缘故，个人呈现出极不自然的面部表情或姿态，说话不能平稳地进行，因而在一定程度上妨碍了自身真实水平的发挥。

对于需要参加面试的人来说，事先有意识地加强社交方面的训练是很有必要的。在面试中，羞怯心理较强的应试者往往比较在意自己的一言一行，尽量使之符合以前所学的各种规范和要求，目的是给面试官留下一个较好的印象。羞怯心理产生的实质原因在于信心不足。其中包括对自身的外部形象、内在的素质及能力缺乏自信。由于过分专注于自身举止与言语的选择与表现，无法集中精力解答问题，在一定程度上影响自身能力的正常发挥。一旦意识到自己的表现没有达到预期要求，应试者便会产生一种自责心理，与之相伴随的是心情更趋紧张，由此而形成一个恶性循环，最后应试者只能带着诸多遗憾而离开。

（十四）迎合心理

迎合心理，也称逢迎心理。具有这种心理的人特别注意别人对自己的看法，把别人对自己的评价视为高于一切。在和别人打交道时，一味企求得到别人的好感，甚至不惜放弃自己的原则，轻易改变自身的观点，唯恐招致对方的不满。这种人由于对自己没有一个比较稳定而客观的评价，因而易于使自己受到各种外界因素的影响。

具有较强逢迎心理的人往往极力在各种场合为自己塑造一个人见人爱的形象。但是，他们的资本不是自身的真才实学及良好的仪表风度，而是逢迎的表情和语言。这种人在面试中常常会不失时机地向考官恭维几句，在回答问题时也往往顺着主考人员的弦外之音进行。希望以此来博得考官的好评。事实上在大多数情况下，这种做法的结果往往适得其反，它非但不能得到考官的"恩宠"，而且还会减损他们对于应试者真实素质的评价，因而是不可取的。

（十五）紧张心理

紧张心理往往表现为应试者在面试前出现的一些局促不安的状态，或对面试的可信度发生猜疑，或冥思苦想对策，或焦急不安地到处打听，严重者会导致失眠。

几乎 95% 以上的毕业生在接受调查时都承认自己在面试时精神紧张，它是毕业生面试时需要战胜的最大的敌人。陌生的环境，被陌生的人提问，事关自己今后一段时间的发展前途，毕业生不可能不紧张，适当的紧张可以促使毕业生更加集中注意力投入面试。但若紧张过了头，则对面试有害，使应试人注意力不集中，甚至可能将事先准备的内容忘得干干净净，头脑一片空白。

（十六）侥幸心理

心存侥幸的应试者在面试前一般不做太充分的应考准备，却常常是只做一些猜题押宝工作，聊以自慰。这显然是很难获得好成绩的。有些应试者总是寄希望于侥幸取胜，或希望能抽到好题，或寄希望于考官的网开一面等，这也是不可取的。

四、常见的几种面试心理偏差的解决方法

对于面试中出现的心理问题和偏差，也不需要过度的紧张和不安，所以，掌握一些消除心理的问题和偏差的方法是有必要的，对大学生来说，也是很重要的。

（一）消除恐惧的方法

1. 着装

应聘面试时的服装，已不只是件普通的衣服，同时也是一件保护心灵的外套。穿上相应档次的服装，提高自信心。适当提高服装档次，穿得整洁大方、舒适，与对方建立起平等关系，就不会胆怯了。

2. 公开说出自己的紧张，让对方帮你放松

当面对众人或陌生人感到紧张时，不妨干脆说出自己的感受，自嘲可以缓解紧张的情绪，使自己轻松起来。

3. 亲切有神地与对方进行目光交流

应聘者在面试时，要尽量建立平等的关系，最好鼓起勇气，抬起头来注视对方，用亲切有神的目光与对方交流，会消除紧张情绪。

4. 发现对方的弱点，减轻心理压力

如果感到心理上有压力，面试时不妨仔细观察对方的仪容、服装以及谈吐

等，借以发现对方的缺点，这时就会产生一种宽松感，自觉不自觉地增强了自己的勇气，建立起与对方平等的新关系，这样就自如得多了。

5.深呼吸能使你增添勇气

如果在步入面试大门之前，认真做几次深呼吸，心情肯定会平静得多，使勇气倍增。另外，把拳头握紧、放松，反复几次，也有助于情绪的安定。

（二）克服自卑心理的方法

如果你在求职面试过程中感到信心不足，在日常交往活动中不妨试着从以下几方面来强化自己的自信心，为成功的面试做准备。

（1）在陌生人面前，你不了解对方，但对方也不了解你，要充分意识到自己的有利条件，不可妄自菲薄。

（2）保持与对方谈话中的沉默间隔，不要急不可待。这样会使你有更多的思考时间，也使对方感到你是一位充满自信的人。

（3）如果对方声音超过你，你可以突然把声音变轻，这种音量差会给对方造成心理压力，使对方更想细心地听你说。

（4）盯住对方的眼睛讲话，如果对方回避你的目光，说明你比他坚强。

（5）经常考虑这样一个问题：人各有长短，都存在着有求于人和被人所求的可能，不能因为有求于别人就感到自己低人一头，也不能因为被人所求而趾高气扬。

（三）解除胆怯心理的方法

（1）面试时略提早到场，在场外安静地休息，适当地做深呼吸，放松自己。

（2）努力形成考前的良好竞技状态，保证必要的运动、休息、文化娱乐时间。

（3）掌握正确的应试方法，熟悉不同题型的要求和回答技巧。

（4）倘若在面试过程中怯场，最好是转移注意力。可以数数，可以背英语字母表，也可以深呼吸，凡此种种转移注意力的方法都可以缓解已出现的怯场现象。

（5）面试前两天，注意饮食清淡，有规律作息，面试服装须试穿，提前进入适应阶段。

（四）克服紧张心理的方法

1.要做好充分的准备工作

预计到自己临场可能很紧张，应事先请有关教师或同学充当主试人，举办模拟面试，找出可能存在的问题与不足，增强自己克服紧张的自信心。

2. 不要把一次面试的得失看得太重要

应反复告诫自己，不要把一次面试的得失看得太重要，应该明白，自己紧张，你的竞争对手也不轻松，也有可能出差错，甚至可能不如你。同等条件下，克服了紧张，大方、镇定、从容地回答每个提问，就会取得胜利。

3. 不要急着回答问题

主试人问完问题后，应试人可以考虑 5 ~ 10 秒后再作回答。在回答时，要注意不可语速太快，太快容易使思维与表达脱节，快了也易表达不清。而你一旦意识到这些情况，会更紧张，结果导致面试难以取得应有的效果。所以切记，面试从头至尾，讲话不急不慢，逻辑严密，条理清楚，让人信服。

五、面试的心理训练

凡不善于在众人面前讲话的人，在其诸多原因之中，最主要、最根本的原因是存在心理上的障碍，是由于缺乏临场的心理训练。下面介绍一套简单易行的训练方法。

（一）练心

练习者可请家人、同学、朋友做自己的观众，本人站在高于听众之处，目视听众而不开口。此时练习者要进入讲话的心理感受之中，进行心理体验。

这一步是练心不练口。每次站立 5 ~ 10 分钟，直到练习者不觉得十分紧张为止。

（二）练口

练习者在人前站立心理上已适应之后，即可进入说话训练。这时的讲话从内容和形式上，不要给予任何规定和限制。练习者要随心所欲，讲自己最熟悉的话。这时的练习者虽然心理上初步适应，但开口讲话还缺乏适应性锻炼，此时大脑或紧张或混沌一片，所以这一步练习只要求练习者能开口讲话就可以了，至于内容则可非常随意。这一步是在练"心"的基础上练"口"，讲话时间以 3 ~ 5 分钟为宜。练习者和听众可现场交流对话，轮流演练，直到练习者能在人前自如流利地讲话为止。

（三）表达练习

在前两步训练的基础上，练习者即可进入命题演讲练习。练习者和听众之间要反复交流，推敲练习者的有声语言、态势语言的力度、速度、表情等。此步练习以练习者在"台"上让听众听不出练习者是在背讲稿，也不是在"演"为目的，要求练习者达到能够真实自如、从容不迫地讲自己心里话的地步。

（四）即兴演讲练习

练习者的临场心理和讲话能力都有了一定的提高后，便可进行较高层次的即兴演讲练习。练习者以抽签来确定演讲的题目和内容，抽签决定后给予 10 分钟时间打腹稿。

此时练习者的思维处于调整运转状态，这对于提高练习者的谋篇布局、遣词造句能力都是很必要的。所以在面试之前，了解和理解在招聘过程中出现的面试心理及其特征，有意识地克服某些不良心理和排除某些心理障碍。让面试者挖掘自己的潜在的力量，用积极的心态来消除负面心理的影响，满怀信心地在未来的面试中一展自己的风采。

第二节　面试应对技巧

任何面试的成功都会垂青有准备的面试者，这就需要我们在参加每一次面试的时候都要做好充分的准备，对于应届毕业的学生来说，每一次面试就是一次经验的积累，更需要我们在准备面试的过程中不断地进步，做好必要的准备，不打"无准备之仗"。

一、成功面试的准备

大学生成功面试，需要做好以下几个方面的准备：

（一）能力和心理准备

"工欲善其事，必先利其器"。对于大学毕业生而言，这个"器"就是指个人能力、专业特长等。潜心分析一下招聘广告，研究分析用人单位所缺乏的专业人才主要有哪些类型，需要哪些方面的能力和素质。所谓临阵磨枪，不快也光，你不妨抓紧最后冲刺的机会，弄清自己要找的工作、必需的技艺，及时补充自己的不足。

面试做好心理准备就是要正视自身，肯定自己的优点，认清自身的不足，因为，面试既要有热情、有诚意，也要保持不卑不亢的从容态度，这就需要我们心理上不要过低估计自己而自卑，同时也不要过于高估自己，表现不够虚心谨慎。

（二）了解单位资料、信息和应聘岗位

"知己知彼，百战不殆"，求职者要尽力设法找寻所谋求的职业单位的有关资料，求职者要了解应聘岗位的工作职责、工作方式、在企业组织架构中的位

置、在企业中的发展空间等，还要了解这个岗位的工资福利待遇。从原则上说，这些情况招聘单位应该向应聘者解释清楚，但现实往往有其复杂、微妙的一面，比如实际情况与招聘单位介绍的情况有明显差距，甚至招聘单位可能会有意隐瞒一些对求职者很重要的情况等。这些都需要求职者自己用心去了解并与自己实际情况相比较，以便先达到知己知彼的地步。

（三）自信的仪表、着装

在初次与人结交时，你的仪表形象是得分的一个重要方面。去参加面试时你得考虑到你的仪表和服装，因为它们会直接影响主考人对你的第一印象。你应该始终以微笑真诚的面容出现，随时保持一种笑容可掬、彬彬有礼、真诚期待的形象，保持最恰当的姿态。

（四）自我介绍的腹稿以及面试问题的准备

自我介绍的腹稿要有精练明了的和较全面的各一种。根据主考人的提问及当时的情况介绍其中的某一种。腹稿准备好了以后，你可以对着镜子练习，直到流利满意为止。找出自己三条以上的优点，并能有条不紊序地讲述出来，以备面试时自我推销，让主考人充分了解你。同时对面试通常会问到的问题要作好回答的准备，如谈个人的能力、特长、爱好等问题，要能非常流畅地说出来。

（五）面试的三要素（3W）

面试一定要知道三个基本要素——时间（When）、地点（Where）、联系人（Who），如果基本的时间地点都不是很清楚的话，面试就容易匆匆忙忙地到处乱问乱找，很容易出岔子，影响自己面试的心境，一般面试招聘单位会采用电话的方式通知，万一没有听明白，要赶紧再问清楚，并与对方确认，尤其是在自己不是很熟悉的城市，地点一定要问得详细，最好是用笔记下，以便到时候能顺利找到。

二、成功面试的技巧与方法

怎样找到一份称心如意的工作，成为困扰大学生求职者的问题。面对当前人才的流动越来越频繁、求职竞争越来越大的现实，用人单位除了看你是否具备相应的专业知识和潜力外，还要看你在别人面前的言行举止如何，或者说是否有修养。只有这样，才是积极、团队、开拓型现代企业所需要的人才。

（一）基本求职礼仪

即将毕业的大学生，都希望求到一份既与所学专业相吻合，又与自己志向相一致的理想工作。然而在求职中仅靠专业知识和热情是不够的，还必须努力让用人单位喜欢你，通过求职礼仪等中间环节赏识你。求职礼仪是求职者应该具备的礼貌行为和仪表形态规范，良好的求职礼仪，能让成功变得更加轻松。在礼仪行为中，求职者应该做到以下几个方面的内容：

1. 必须具备"求"的心态

在求职的整个过程中要始终讲究尊重他人，注重礼貌修养。无论你的专业多么稀缺，无论人才市场的供求状况对你多么有利，都不能摆出一副不可一世的架势。同时，一个懂得如何尊敬别人的人，也一定能够做到自尊，因为无论是招聘者还是求职者，都是站在公平、平等、互尊的位置上相互审视和选择的，即在通过礼仪表达"求"的心态的同时，也要运用礼仪维护自己正当的利益、要求和尊严。

2. 准确把握面试时间

面试时提前 5～10 分钟到达面试地点是很有必要的，提前几分钟到达，可以表示求职的诚意，增加信任感，同时也可以做一些必要的准备，比如自己材料的整理检查，查看下周围的环境，休息下，平复一下自己的心情等，最好不要迟到，以免显得匆忙，还给企业不好的印象，甚至丧失面试的机会，当然，也不需要去得太早，太早可能公司准备面试还不充分，给企业本身带来麻烦。

3. 问题回答简练、完整

在面试时候不要紧张，集中注意力，称呼要得当，回答问题简练、完整，条理清晰地逐一回答，回答时候要吐字清晰、声音适度，内容上要就问答问，尽量少回答与问题无关的闲话。不要打断主试人的问话，抢问抢答，否则会给人不礼貌的印象。

4. 面试语言的技巧

面试的语言艺术显示面试者的才华，语言表达技巧在面试过程中也是重要的，具体要做到以下几个方面：

（1）谦虚谨慎。面试和面谈的区别之一就是对方往往是多人，其中不乏专家、学者，求职者切不可自以为是，不懂装懂，讲话要留有余地。在参加"集体式、讨论式"面试时，要正确发表自己的观点，不要随意攻击他人以抬高自己，因为这样做也是不谦虚的表现，只能减少或降低自己的面试分数。

（2）机智应变。首先，进入考场时要注意分析面试类型，如果是"主导式"面试，你就应该把目标集中投向主考官，认真礼貌地回答问题，如果是"答辩式"，则应把目光投向提问者，切不可只关注甲方冷落乙方。其次，要避免尴尬场面。对未听清楚的问题可以请对方再重复一下或解释一下；一时回答不出可以请示考官一个问题，然后反过来考虑成熟再回答；遇到偶然出现的错误也不必因耿耿于怀而打乱后面问题的思路。

（3）扬长避短。例如性格外向的人往往容易给人留下热情活泼、思维敏捷但不深沉的印象，这类性格的人在面试时讲话的节奏要适当放慢，语言组织得当，要注意给人以博学多才、见多识广的良好印象。性格内向的人则容易给人留下深沉有余、反应迟缓的印象；在面试时这类性格的人要力争早发言，并就某一重大观点展开论述，以弥补自己性格上的不足。

（4）显示潜能。面试的时间通常很短，求职者不可能把自己的全部才华展示出来，因此要抓住一切时机，巧妙地显示潜能。显示潜能时要实事求是，简短、自然、巧妙，否则也会弄巧成拙。

（二）第一印象很重要

在与陌生人交往的过程中，第一印象就是得到的关于对方的最初印象，成语"先入为主"便是对这种第一印象作用的最好概括，所以，这种第一印象在对人认知和交往中起着重要的作用。

第一次与人见面时，如何说话或说话时他人的看法怎样，往往比实际谈话的内容更具影响力，因为和他人接触的几分钟内，对方的注意力特别集中，记忆力也很强，将眼睛和耳朵都朝向你，捕捉从你身上发出的信息，并依此形成对他人的第一印象。第一印象实际上主要是由四个方面构成的——自己看起来如何，自己的声音听起来如何，该说什么话和如何听人说话等。

通常，对方先用眼睛注意你的性别、年龄、衣着、姿势、脸部表情等"外部"特征，也就是说一个人在没有张口说话之前，就已经将一半以上的信息由脸部表情等表层的东西传达给对方了，而对方也将这些特征作为构建一个人轮廓的原材料，这些材料足以勾勒一个人了。同时，眼睛对信息的处理是极其神速的，在几秒钟内即可组合完毕，而且可以达到"乱真"的程度，足以区别于他人。在这之后就是耳朵起作用了，初次见面，对方还习惯于去听你的声音，"听"你的情绪、态度和人格。

良好的第一印象之所以能起到先入为主的作用，主要因为第一印象会在对方的心目中开辟一个新的领地，以唯一的形象来取代空白。如果我们一开始就以良好的第一印象为对方所认同，整个交往过程中的绿灯便会像夜间航行的飞机跑道一样统统打开，出现一个令人赏心悦目的交往景象。

1. 整理好自己

整理好自己，是建立良好第一印象的前提。创造良好的第一印象走向他人、走进人群，是每一个大学毕业生在求职过程中应该具备的能力和水平。良好的第一印象也是求职者梦寐以求的，通过良好的第一印象获得朋友、事业或者爱情的更大成功。

每个人的态度、动作、衣着、表情甚至身体特征，都不断地在展示着自己，向对方提供关于自己的信息，对方完全可以依此而毫不费力地得出"你是什么样的人"的结论，此时的结论就是第一印象，所以我们在别人形成第一印象前，必须对着镜子认真地整理好自己，这是建立良好的第一印象的前提。具体来说有以下几方面需要注意：

（1）注意外表和体态语言。外表讨人喜欢是一项很宝贵的资本，这种人更能获得他人的关心和信任。脸部表情和体态语言是建立良好形象的重要内容，是建立人际关系的重要依据。因此，在交往中，我们每个人首先需要检查自己的外表，努力排除一切干扰良好印象形成的因素。同时，注意自己的体态语言，与人交谈时总是面带笑容，听人说话时表现出专心的样子。不是发自内心的"浅笑"，握手时的手部无力和目光偏离，听人说话时的注意力分散等，都会影响良好的第一印象的建立，那么，在建立第一印象前我们就要克服这些因素。

（2）认识到自己印象的优点。认识自己，了解自己的优点也是建立良好第一印象的重要前提。虽然每一个人都竭力维护自己的形象，自我感觉良好，但能客观地评价自己，如实了解自己优点的也需要花一番心思。

在交往中，并非要将自己的优点全部展示，就是说，不是优点越多越好，也不是所有的优点都能在交往中起到好的作用，而是要表现得恰到好处，符合对方的期待才行。有些人不是对自己的长处过分得意，便是错误地理解了自己的所谓优点，难免在交往中碰壁。相反地，有些人既不是天生丽质，也没有过人的优点，却对自己的优点和缺点了如指掌，并能很好地利用和发挥自己的优点，每每交往皆能得胜还朝。

（3）懂得塑造自身形象。要创造良好的第一印象，还必须懂得从哪些方面去创造条件，懂得事先从哪些方面去做准备工作。通常，人们在初次见面时，会注意对方的五个方面，即性别、年龄、外表、脸部表情、动作，这些信息便是构成第一印象的重要成分。

性别是形成第一印象的首要因素。人们在第一次见面时，通常都会因同性或异性而有不同的交往表现，特别是人们会"习惯地"将某些特征分别赋予男性或女性。因此，在与别人第一次交往时，一个人如果能很好地运用其他的非词语沟通方式，可以弥补或帮助对方超越性别观念，使对方转而注意其他的方面。

年龄在第一印象形成中的作用为更多的人所忽视，不过，确实由于年龄由动作或态度显示出来，其本身并不醒目，所以我们可以借外表或其他因素来掩饰年龄，也可故意引人注目，如通过发型或服饰的设计，即可"显老"或"显小"。

外表因素是人们在交往中最为重视的，其中对建立第一印象起作用的外表因素主要有身材、姿势、服装、发型和饰品等，这些外表因素最常被人们用作构筑第一印象的材料，也是对方特别注意的方面，并依此判断一个人。

脸部表情是一个人情绪、态度和人格的外在表现。利用自己丰富多彩的表情来建立自己的第一印象，不失为一着妙棋。著名交际学家戴尔·卡耐基也曾告诫人们：要学会微笑。表情不仅可以展示自己的良好的人格，可以弥补自身的一些先天不足，也可以掩盖自己的一些缺点，"蒙娜丽莎"式的永恒的微笑会使一些人成为交往中的常胜将军；眼睛在交往中成了判断一个人内心状态的最主要依据，两个人见面时即使没有张口，从目光上即可判断出心理占优势的一方。一般地，可以直视对方，但以不引起对方不愉快为原则。

动作是一个人情感和态度的自然体现，但一般人却很少注意自己的站立和坐的姿势、走路方式以及一些习惯性动作，所谓"站有站相，坐有坐姿"，而这些对构成一个人的第一印象却是非常重要的。例如，慌张地走路，表示有压力或不安；动作自如表示态度坚定、自信。因此，为了保证与人交往时能给对方留下良好的第一印象，应当事先克服某些不良动作，特别是某些习惯性动作；容许接近范围和身体接触情况对于建立良好的第一印象也有影响。一个人的容许接近范围直接反映了他的人格特征，而身体接触也是沟通的重要手段。有些人逢人有分寸地握手，既得体，又表现了热情、开朗的性格，对于建立第一印象是非常有利的。

2. 良好的说、听要素

第一印象中的听、说非常重要，需要每个学生认真对待，建立自己的良好印象。

（1）说的技巧。说在第一印象中是非常重要的，是第一印象的重要组成部分，要想通过"说"来建立良好的第一印象，首先要分析自己的声音，因为说话的速度、声音大小、音质和口齿清晰度等特点，在传递信息的过程中和说话方式、说话内容同等重要。

我们要让别人对自己的声音有好的感觉，应当做好五件事：

①要会换气，使说话的整个过程都有充足的新鲜空气，这是形成良好声音的前提。

②要会根据房间大小、听众人数、噪声量、说话内容以及本人的情绪来决定自己的说话速度，同时要学会停顿。

③要能控制声音的大小，保证自己的音量既能强调重点，又能让对方了解谈话内容，因此，高亢和低沉都不失为好的音量，只要适合当时的环境即可。

④要消除破坏音质的因素，让自己的音质成为对方特别注意的因素。

⑤要咬字清晰，就是让发出的各种声音都很清晰，这样容易让对方听懂。

说话委婉即是一种很恰当的方式。同样的内容，如果能够委婉地去说，对方就能够从理智上和情感上愉快地接受，同时对方也能对说话者有一个好的印象。例如，如果谈话中对方有事相求，而你又不想直截了当地拒绝，就可委婉地说："这种事目前恐怕很难办到"，说话含蓄也有利于自己第一印象的建立。说话幽默风趣也很重要。正如恩格斯所说：幽默是具有智慧、教养和道德上的优越感的表现。在交往中，幽默更是具有许多妙不可言的功能，它能活跃交往的气氛，能化解交往的冲突和窘境，等等。

可以借助于体态语言来帮助提高第一印象。在初次与人交往时，首先要能恰当地运用手势，例如，与人握手应正视对方，面带微笑，完全伸开手掌握住对方，力量既不重也不软。在说话过程中，可以配合说话内容和方式，用手势表示自己的自信、力量、赞赏等。其次，说话时要善于用眼睛表示出对对方的友好、注意、关心，让对方感觉到说话时的真切。最后，在说话时还要重视自己的面部表情、姿势以及与对方距离的作用等。

（2）听的艺术。善于听人说话是与人谈话时最重要的。要做到"会听"，首先，要求我们有正确的"听"的态度，专心地听对方谈话，态度谦虚，始终用目光注视对方。其次，在听的过程中，要善于通过体态语言、语言或其他方式给予必要的反馈，做一个积极的"听话者"。最后，要能巧妙地表达自己的意见，不要表示出或坚持与对方不合的意见。

我们在对方说话时要积极倾听，在初次交往的最初几分钟内即能加入对方的谈话中，并且察言观色、随机应变，从对方的说话和体态语言中给予恰当的反应，产生和谐的气氛，从而留给对方良好的第一印象。

3．良好的仪表服饰

面试求职时，你的仪表服饰往往是给人的第一印象。初次见面一定要力争给人以整洁、美观、大方、明快的感觉，不修边幅会给人懒懒散散的印象。

作为一个年轻人，穿着仪表首先展示于社会的第一印象应该是大方、整洁，要体现青春和朝气，服饰仪容既是一个人审美观的集中表现，也是文化素养的具体反映。当然，由于招聘单位不同，对仪表服饰的要求也会有所变化，如公司企业（尤其是外企）注重整体形象的漂亮、明快；国家机关、教师单位进行招聘，希望未来的公务员或者衣着端庄，体现稳健踏实的作风。衣着服饰要注意以下几方面内容：

（1）服饰礼仪的基本原则。从礼仪的角度看，着装不能简单地等同于穿衣。它是着装人基于自身的阅历修养、审美情趣、身材特点，根据不同的时间、场合、目的，力所能及地对所穿的服装进行精心的选择、搭配和组合。在各种正式场合，注重个人着装的人能体现仪表美，增加交际魅力，给人留下良好的印象，使人愿意与其深入交往，同时，注意着装也是每个事业成功者的基本素养。

着装体现仪表美，除了整齐、整洁、完好，还应同时兼顾以下原则。

①整洁大方。整洁的衣着反映出一个人振奋、积极向上的精神状态；而褴褛、肮脏的服装，则是一个人颓废、消极、精神空虚的表现。因此，衣服要勤换、勤洗、熨平整，裤子要熨出裤线；衣扣、裤扣要扣好、裤带要系好；装饰必须端庄、大方，要让对方感到可亲、可近、可信、乐于与你交往。在社交公关场合，应事先收拾打扮一下，把脸洗干净，头发梳理整齐。男士应刮胡子，女士还可化一点淡妆。一般来说，女服色彩丰富，轮廓较优美，面料较讲究，显示出秀丽、文雅、贤淑、温和等气质；男服则要求线条简洁有力，色彩沉着，衣料挺括。

②得体和谐。显示出强健、宽大、果断、威严等气质。得体就是追求服饰与人体比例的协调和谐。服饰是美化人体的艺术，服饰只有与人体相结合，使服饰的色彩、式样、比例等均符合人体本身的"高、矮、胖、瘦"，从而把服饰与人体融为有机统一的整体。因此，过肥或过紧的衣衫，过小或过大的裤腿、过高的"高跟鞋"以及不得当的颜色搭配等，都会扭曲人的形体、影响人的形象。

③展示个性。选择什么样的服饰，能够在很大程度上体现出穿着者的个性。在服饰整体统一要求中，追求个性美，可以说是现代生活的一大趋势。

个性特征原则要求着装适应自身形体、年龄、职业的特点，扬长避短，并在此基础上创造和保持自己独有的风格，即在不违反礼仪规范的前提下，在某些方面可体现与众不同的个性，切勿盲目追逐时髦。

（2）服饰礼仪的具体内容。古今中外，着装从来都体现着一种社会文化，体现着一个人的文化修养和审美情趣，是一个人的身份、气质、内在素质的无声的介绍信。

服饰礼仪是人们在交往过程中为了表示相互的尊重与友好，达到交往的和谐而体现在服饰上的一种行为规范。从某种意义上说，服饰是一门艺术，服饰所能传达的情感与意蕴甚至不是用语言所能替代的。在不同场合，穿着得体、适度的人，给人留下良好的印象，而穿着不当，则会降低人的身份，损害自身的形象。

小知识：

1. 着装的"TPO"原则

TPO 是英文 Time place object 三个词首字母的缩写。

T 代表时间、季节、时令、时代；P 代表地点、场合、职位；O 代表目的、对象。

着装的 TPO 原则是世界通行的着装打扮的最基本的原则。它要求人们的服饰应力求和谐，以和谐为美。着装要与时间、季节相吻合，符合时令；要与所处场合环境，与不同国家、区域、民族的不同习俗相吻合；符合着装人的身份；要根据不同的交往目的、交往对象选择服饰，给人留下良好的印象。

根据 TPO 原则，着装时应注意以下几个问题：

（1）着装应与自身条件相适应。选择服装首先应该与自己的年龄、身份、体形、肤色、性格和谐统一。年长者，身份地位高者，选择服装款式不宜太新潮，款式简单而面料质地则应讲究些，与身份年龄相吻合。青少年着装则着重体现青春气息，朴素、整洁为宜，清新、活泼最好，"青春自有三分俏"，若以过分的服饰破坏了青春朝气实在得不偿失。形体条件对服装款式的选择也有很大影响。身材矮胖、颈粗圆脸形者，宜穿深色低"V"字型领，大"U"型领套装、浅色高领服装则不适合。而身材瘦长、颈细长、长脸型者宜穿浅色、高领或圆形领服装。方脸型者则宜穿小圆领或双翻领服装。身材匀称，形体条件好，肤色也好的人，着装范围则较广，可谓"淡妆浓抹总相宜"。

（2）着装应与职业、场合、交往目的对象相协调。着装要与职业、场合相宜，这是不可忽视的原则。工作时间着装应遵循端庄、整洁、稳重、美观、和谐的原则，能给人以愉悦感和庄重感。一个单位职工的着装和精神面貌，便能体现这个单位的工作作风和发展前景。现在越来越多的组织、企业、机关、学校开始重视统一着装，是很有积极意义的举措，这不仅给了着装者一分自豪，同时又使人多了一分自觉和约束，成为一个组织、一个单位的标志和象征。着装应与场合、环境相适应。正式社交场合，着装宜庄重大方，不宜过于浮华。参加晚会或喜庆场合，服饰则可明亮、艳丽些。节假日休闲时间着装应随意、轻便些，西装革履则显得拘谨而不适宜。家庭生活中，着休闲装、便装更益于与家人之间沟通感情，营造轻松、愉悦、温馨的氛围。但不能穿睡衣拖鞋到大街上去购物或散步，那是不雅和失礼的。着装应与交往对象、目的相适应。与外宾、少数民族相处，更要特别尊重他们的习俗禁忌。总之，着装的最基本原则是体现"和谐美"，上下装呼应和谐，饰物与服装色彩相配和谐，与身份、年龄、职业、肤色、体形和谐，与时令、季节环境和谐等。

2.面试中的服饰选择

（1）着装要合体，讲究线条配置、搭配合理、色调和谐。瘦高体型的人，不宜选用竖条纹的服装，否则会夸大纤细的身形。太薄的衣服也会给人以呆板、缺乏韵味的感觉，而质感、厚实一点的衣料会使体瘦的人看上去精神抖擞。体型丰满的人则相反，衣服质地太厚显得笨重，当然也不能太薄，否则体型弱点就暴露无遗了，衣料以薄厚适度为宜。胖人切忌穿大花纹、横花纹、大方格图案的服装，否则只会夸张体型。

服装的选配、色彩的选用是很有学问的，求职面试者应该尽量学习一些关于服装美学的知识。

（2）衣着服饰要投雇主所好。有的求职者总是喜欢根据自己的爱好穿着服装，这样的好处是面谈时感到自然轻松。但如果你的衣着恰恰不符合招聘者的习惯，就可能影响录用。一般说来，着装不必赶时髦，不必求流行，尤其不能浓妆艳抹，花枝招展。

许多人心理上都认为"过分追时髦的人往往是不求上进的人"。当不知道穿什么好时，与其追求新潮，不如穿得正统一点。

（3）服饰要适应应聘职位工作的需要。根据所应聘的工作性质和类型，确定自己的穿着，这是一个较稳妥的做法。前面曾经谈过，不同职业对人的要求是有差异的，而这种差异同样体现在穿着上。尽管某种职业的穿着标准没有成文的规定，但人们的心理上却存在着各种各样的定型。因此，求职者的穿着最好是与所求工作的性质和环境相协调一致，招聘单位职员平时的穿着习惯，可能是最适合面谈的穿着。

另外，提出以下几个着装打扮的原则，可供女性求职时参考：

①面试时着装要选用朴素的裙装或裙套装，不要着运动服或休闲服。

②不要穿外露小腿过多乃至大腿的开衩裙，服装颜色不能太艳。

③饰物要大方得体，不宜过多，不戴叮当作响的手链，不佩带过长的吊挂式耳环，同时最好不要戴戒指。

④化妆应化淡妆，不使用闪光化妆品，不涂深红的口红，香水喷洒要恰到好处。

⑤指甲要整洁、干净，不要涂成红色、紫色。

⑥穿中跟鞋，长筒袜要高，不要在裙子和袜子之间露出皮肤。

⑦手袋的风格也要稳重，不携带体育用包或叮当作响的发光的包。年轻女子挎上很有韵味的手提式包，显得比较干练，适用于女性管理人员、办事人员等；手提式背包适用于中老年人，显得沉稳端庄。同时，选择手袋（包）要考虑到衣服的颜色，白色或黑色手袋可配任何颜色的衣服，身材高大的女士，不宜用太小的包；反之，娇小玲珑的女士不宜用太大的包。很多年轻女性喜欢夸大对比的效果来装饰自己："韩式"的长裤，厚底松糕鞋，小身材偏偏要背个大书包……实践证明，"反传统"在求职招聘中是行不通的。

⑧关于手袋还有一点提醒，面试过程中要注意将手袋放在脚旁，不要放在膝上，以避免走时遗忘或无意识地摆弄——丢三落四给人不稳重的感觉；回答问题时东摸西扣，容易让人觉得你是否过于紧张。

3. 服装的色彩搭配

服装的色彩搭配是显示面试者个性和气质的重要因素，懂得了色彩的搭配，能给面试者有针对性地进行服装选择，为面试成功做好准备。

（1）色彩搭配原则和方法。服装的色彩是着装成功的重要因素。服装配色以"整体协调"为基本准则。

全身着装颜色搭配最好不超过三种颜色，而且以一种颜色为主色调，颜色太多则显得乱而无序，不协调。灰、黑、白三种颜色在服装配色中占有重要位置，几乎可以和任何颜色相配并且都很合适。

利用对比色搭配（明亮度对比或相互排斥的颜色对比），运用得当，会有相映生辉、令人耳目一新的亮丽效果。

着装配色和谐的几种比较保险的办法：一是上下装同色——即套装，以饰物点缀；二是同色系配色。

年轻人着上深下浅的服装，显得活泼、飘逸、富有青春气息。中老年人采用上浅下深的搭配，给人以稳重、沉着的感觉。

利用同色系中深浅、明暗度不同的颜色搭配，整体效果比较协调。

（2）根据个人的肤色、年龄、体形选择颜色，是服装选择的要遵守的一条重要原则。肤色黑，不宜着颜色过深或过浅的服装，而应选用与肤色对比不明显的粉红色、蓝绿色，最忌用色泽明亮的黄橙色或色调极暗的褐色、黑紫色等。

皮肤发黄的人，不宜选用半黄色、土黄色、灰色的服装，否则会显得精神不振和无精打采。脸色苍白不宜着绿色服装，否则会使脸色更显病态。而肤色红润、粉白，穿绿色服装效果会很好。白色衣服任何肤色效果都不错，因为白色的反光会使人显得神采奕奕。体形瘦小的人适合穿色彩明亮度高的浅色服装，这样显得丰满。而体形肥胖的人用明亮度低的深颜色则显得苗条等。

（3）服装的色彩搭配考虑与季节相和谐。不同的季节与不同的色彩搭配会显得比较和谐。同一件外套服装，利用衬衣的样式与颜色的变化与之相衬托，会表现出不同的独特风格，能以简单的打扮发挥理想的效果，本身就说明着装人内在的充实与修养。利用衬衣与外套搭配应注意衬衣颜色不能与外套相同，明暗度、深浅程度应有明显的对比。

大多数人体形、肤色属中间混合型，所以颜色搭配没有绝对性的原则，重要的是在着装实践中找到最适合自己的搭配颜色。

4. 发饰

发饰的美是仪容美的重要组成部分，因此，求职者必须注意自己的发型。发型不仅要符合美观、大方、整洁和方便生活、工作的总体原则，而且要与自己发质、脸型、体形、年龄、气质、四季服装以及环境等因素很好地结合起来，才能给人以整体美的形象。

大多数人关注一个人，目光首先的落点都是对方的头发。所以，注意保持头发的清洁，并修饰整齐，尤其在求职的这段时间，务必要保持合乎规范的发型，既不能蓬头垢面，也不要油头粉面。

发型设计可以使人变得活泼年轻，也可以让人变得端庄文雅，起到修饰脸型、协调体型的作用。就不同的脸型来说，椭圆型脸是东方女性的标准脸型，可选任意发式。长脸看起来面部消瘦，发型设计上应适当遮住前额，并设法使双颊显得宽一些。圆脸型的人应将头顶部的头发梳高，使脸部在视觉造型上增加几分力度，并设法遮住两颊。而方脸型应设法掩饰棱角，使脸型显得圆润些。额部窄的脸型，应增加额头两侧头发的厚度。长脸型的人不宜留太短的头发，下巴较长的人可以留些鬓发，矮胖或瘦小的人头发不宜长，瘦高的人应留长一点的发型。

就季节来说，春秋两季的发型可以自由活泼一些，而冬夏季的头发则由于受到气候因素的影响，需要格外注意。

夏天天气炎热，可留凉爽、舒畅的短发，如果是长发，则可以梳辫子或将头发盘起。由于多数人夏天面部油脂分泌都很旺盛，而额前的头发过多往往容易使热量不便于散发，反过来则使面部更加油光异彩。因此，夏季的发型一定要考虑前额、两颊的头发不能留得过多，应尽量把头发向后向内梳理。同时，搭配一个浅色的上衣领，能够把脸部衬托得光亮鲜活一些。

冬天人们的衣着较厚，衣领高，留长发既美观又保暖。在冬季较爱刮风的地方，参加面试前最好用帽子、头巾或者干脆用发带把头发束起来，等达到面试地点前，利用上卫生间的机会放松、顺滑一下头发，以免被风吹乱秀发。

女性如果再在头发的适当部位装饰花色款式、质地适合的发夹、发带或头花等饰物，那么对整体美就能起到"画龙点睛"的作用，从而增添无限魅力和风韵。但要注意饰物不可过多，色彩也不能过于光亮耀眼，形成堆砌，则给人一种俗气的感觉，反而失去自然美。

男士的发型也要体现出一个人的性格、修养和气质。短发型可以体现男同学朝气蓬勃的精神面貌，具体来看，寸发适合于头型较好、面部饱满的男生；前额较宽的人应该梳"三七开"的分头，以便更多的头发能够遮盖前额；选择"四六开"或"中分"发型的男生面部一般都不会过长，而且发质偏油性的较为合适。

不管你平时怎样打理头发，不管男生还是女生，我们建议在参加招聘面试的时候除了带齐简历材料以外，最好在衣兜里装一把小梳子。因为除了刮风尘灰等因素外，公共汽车上摩肩接踵的拥挤也可能把你的头发搞乱。

5. 面容

脸色十分重要，脸色红润表明着你的健康，所以面试之前一定要注意休息好，避免熬夜影响脸色。

脸部皮肤的整体妆饰除了要体现出自然光泽，还要注意脸部各器官妆饰的整体协调，否则便难以达到美容的效果。比如：有一双又黑又大的眼睛和长长睫毛，为了突出眼睛的魅力，口红的颜色就应该有所限制，尽量使用与肤色接近的口红。没有一定社会阅历的女同学，在化妆时应注意把握浓淡适度，以淡妆为宜。

为了达到美容的效果，妆饰还应考虑不同季节和不同时间，根据自身的性格气质、职业特点、年龄、场合而采用不同风格的化法。

对于求职的女性来说，化淡妆比较适宜，这样能显得端庄、秀丽，给人以自然、含蓄、舒适、得体的感觉。人们常说"化过妆就好像没有化一样"的效果就是化妆的最高境界，尤其因为面试大多在白天，淡妆素抹就更显得适宜场合。

6. 饰物礼仪

饰物指与服装搭配对服装起修饰作用的其他物品，主要有领带、围巾、丝巾、胸针、首饰、提包、手套、鞋袜等。

饰物在着装中起着画龙点睛、协调整体的作用。

胸针适合一年四季佩戴。佩戴胸针应因季节、服装的不同而变化，胸针应戴在第一第二粒纽扣之间的平行位置上。

首饰主要指耳环、项链、戒指、手镯、手链等。佩戴首饰应与脸型、服装协调。首饰不宜同时戴多件，比如戒指，一只手最好只佩戴一枚，手镯、手链一只手最好也不要戴两个以上。

第七章　团队建设

社会分工越来越细，每个人都会专注于自己最擅长的领域。但社会又是交叉发展的，在分工细致的同时又是配合协作完成同个产品或多个任务。跨岗位、跨部门、跨公司，甚至是跨地区和不同的国家开展合作已是国际趋势。团队合作成为一个公司首要的入职培训项目和对员工的基本要求。在团队合作之前首先得做好自己，因此本章在介绍如何管理好自己的同时，重点介绍如何加强和配合好团队管理。

第一节　个人管理

一、何为自我管理

当代社会是人才与能力的竞争，能力通过学习是可以弥补和提高的，但一个人的态度或者秉性却难以在短时间内培养起来。因此加强自我管理是作为大学生向职业人跨出的第一步。那么什么是自我管理呢？

所谓自我管理，可以视为与自我的关系管理（self-management），就是指个体对自己本身，对自己的目标、思想、心理和行为等表现进行的管理，自己把自己组织起来，自己管理自己，自己约束自己，自己激励自己，自己管理自己的事务，最终实现自我奋斗目标的一个过程。自我管理又称为自我控制，是指利用个人内在力量改变行为的策略，普遍运用在减少不良行为与增加好的行为的出现。自我管理注重的是一个人的自我教导及约束的力量，即行为的制约是通过内控的力量（自己），而非传统的外控力量（教师、家长）。

二、为什么要自我管理

为什么要加强自我管理呢？简单地说如果一个人管理不好自己，就不能管理别人，就谈不上如何去管理企业或在企业里面担任一定的职务去管理别人。著名的管理学家彼得·德鲁克（Peter Drunker）说过："未来的历史学家会说，21世纪最重要的事情不是技术或网络的革新，而是人类生存状况的重大改变。"在21世纪里，人将拥有更多的选择，他们必须积极地管理自己。那些伟人往往有惊人的个人管理能力，所以他们能够取得成功。对于我们普通人来说，自我管理是迈向成功大门的前提。对于组织和单位而言，培养和提升员工的自我管理和约束力是提高组织整体管理能力和综合竞争力的基础。只有每个人都能够做到自律、自励、自省、自立、自强、自信，从而使整个组织的目标一致，方向一致，执行一致、落实到位，整个组织或企业才能实现既定目标。

当然，除了约束和加强管理以外，通过一定的引导、修炼和持之以恒地坚持，每个人的个人习惯和身心素养也是可以养成并达到一定境界的。

三、自我管理的类别

如何进行自我管理，这涉及自我管理的方向和内容。自我管理涉及很多，但主要的有目标管理、时间管理、情绪管理、学习管理、习惯管理等方面。

（一）目标管理

人生没有目标就像大海里的航船没有方向，始终不能到达胜利的彼岸。人生没有目标就会浑浑噩噩地过日子，过一天算一天，就会没有动力，就会一事无成。有规划和有目标的人生是截然不同的，哈佛大学的一项跟踪调查研究表明：3%的人有清晰且长期的目标，一直朝着同一个方向不懈努力，25年后，他们几乎都成了社会各界的顶尖成功人士。10%的人有清晰的短期目标，大都生活在社会的中上层，结果是不断完成预定的短期目标，生活状态逐步上升。25年后，他们成了诸如医生、律师、工程师、高级主管等各行各业不可或缺的专业人士。60%的人目标模糊，25年后能安稳地生活与工作，但都没有什么特别突出的成绩。27%的人是那些没有目标的人群，结果是他们几乎都生活在社会的最底层，生活过得很不如意，常常失业，靠社会救济，并且常常都在抱怨他人、抱怨社会、抱怨世界。可见目标确定对于一个人的成长是极其重要的。

（二）时间管理

为什么我们提出时间管理呢？因为，时间是最重要的，时间也是最公平的。每个人的天资和能力不一样。但是每个人的时间却是公平的，会利用时间的人一定是可以成功的人。在同一个时间里做更多更好的事情意味着成功。那如何管理时间呢？将时间排列成先后顺序和优先级别，即可实现时间管理。

（三）情绪管理

情绪的商数指标，也叫情商EQ，能够管理好自己的情绪的人，往往就是能够管理团队的人。每个人面对于工作、生活、人际关系都会有不同的压力，不同性格的人会在同一场景和情况下表现出不同的情绪状态，会不同程度地出现紧张、焦躁、心烦、忧虑等情绪。情绪的管理者可以学会对生活中的矛盾和事件引起的反应做到适可而止，或者进行排解，能以乐观的态度、幽默的情趣及时缓解紧张的心理状态。如何先处理情绪再处理事情，是我们每个人都要修炼的本领和修养。

（四）学习管理

学历并不重要，重要的是会学习。21世纪人才的一个特点就是会学习和拥有学习的能力。学习是终身的，而不仅仅是在学校期间的学习。现代社会要知道学什么、如何学、跟谁学、怎样能够持续地学和成功。

（五）习惯管理

著名的军事家拿破仑·希尔说："我们每个人都受到习惯的束缚，习惯是由一再重复的思想和行为形成的。"因此，养成一个好习惯关系到我们的成长和成才。我们主要通过掌握正确的思想来指导我们的行为，从而养成正确的习惯，达到改变我们命运的目的。

自我管理的内容很多，不局限于以上几种，我们只根据大学生的特点适当罗列了几个方面，还有压力管理、财务管理、逆境管理等多方面。

四、如何实现自我管理

（一）目标管理

1. 何为目标管理

目标管理的概念最先由一个叫彼得·德鲁克（Peter Drunker）的美国管理大师于1954年在一本名为《管理实践》的书中提出。其后他又提出"目标管理和自我控制"的主张。彼得·德鲁克说："并不是有了工作才有目标，相反是有了目标才能确定每个人的工作。"经典管理理论对目标管理MBO的定义为："目标管理是以目标为导向，以人为中心，以成果为标准，而使组织和个人取得最佳业绩的现代管理方法。"目标管理也称"成果管理"，俗称责任制，是指在企业个体职工的积极参与下，自上而下地确定工作目标，并在工作中实行"自我控制"，自下而上地保证目标实现的一种管理办法。

2. 目标管理如何操作

这里的目标管理，我们暂时不谈企业和组织层面的，我们只谈个人层面的。

（1）**目标管理的步骤与程序**。自我认识与分析；设定发展目标并分解目标；发展目标的实现路径、方法与措施；目标规划的评估与反馈；目标的实施；目标阶段总结并实行激励与处罚。

（2）**自我管理与认知**。我的气质、性格等；我的爱好、兴趣、喜好等，分析自己的兴趣爱好，认定自己想干什么；我具备的能力和能胜任的能力，分析自己的能力、特长，确定自己能干什么；再次分析专业、行业和目前岗位情况，确定社会需要什么。

（3）**确定并分解你的发展目标**。长期目标：大学毕业的求职目标甚至是自己近五年的发展目标。中期目标：大学各年级阶段的目标。短期目标：各学期和近段时间的目标。

（4）**注意事项**。拟定各阶段的目标时，一是要参考前辈、同行、同事以及咨询相关专业的人士给予建议。二是要结合自己的求职目标或发展目标。三是拟定目标、设定期限，并且给出理由，切割成若干个小目标。盘点资源、找出成功的经验、确认你要克服的障碍、确认你所需要的知识、目标视觉化、效法模范（榜样）、核对目标，再次确认。

3．分析工具

在对目标管理和个人管理的同时，我们可以借助国外的 SWOT、SMART 分析法等两个管理工具进行自我分析。

（1）**SWOT 分析法**。所谓 SWOT 分析，即基于内外部竞争环境和竞争条件下的态势分析，就是将与研究对象密切相关的各种主要内部优势、劣势和外部的机会和威胁等，通过调查列举出来，并依照矩阵形式排列，然后用系统分析的思想，把各种因素相互匹配起来加以分析，从中得出一系列相应的结论，而结论通常带有一定的决策性。S（Strength）优势、W（Weakness）劣势、O（Opportunity）机会、T（Threat）威胁。分析自己的优势、劣势和在这个时代面临着的机会以及遇到的困难和威胁，也是做到知己知彼的一个有效方法和分析工具，建议大学生们使用。个人职业决策中的 SWOT 分析法如表 7-1 所示。

（2）**SMART 分析法**。制订职业生涯目标有一个黄金准则可以供大家参考，那就是"SMART"原则。SMART 是五个英文单词的第一个字母的汇总，好的目标应该符合此原则。分别由 Specific、Measurable、Attainable、Relevant、Time-based 五个词组组成。下面作简单介绍：

SMART 原则一 S（Specific）——明确性。所谓明确就是要用具体的语言清楚地说明要达成的行为标准。明确的目标几乎是所有成功团队的一致特点。很多团队不成功的重要原因之一就因为目标定得模棱两可，或没有将目标有效地传达给相关成员。对个人而言也是如此。

表7-1　SWOT分析法

	优势	劣势
内部因素	指个体可控并可利用的内在积极因素 ●工作经验、教育背景 ●丰富的专业知识和技能 ●特定的可转移技巧（沟通、职业道德、团队合作、领导能力等） ●人格特性（职业道德、自我约束、承受压力、创造性、乐观等） ●广泛的个人关系网络 ●在专业组织中的影响力	指个体可控努力改善的内在消极因素 ●缺乏工作经验、学习成绩差或一般 ●缺乏目标，且对自我的认识不足 ●较差的领导能力、人际交往能力、沟通能力和团队合作能力 ●较差的寻找工作的能力 ●负面的人格特征（职业道德较差、缺乏自律、缺少工作动机、害羞、性格暴躁等）
	机会	威胁
外部因素	指个体不可控但可以利用的外部积极因素 ●就业机会增加、专业领域急需人才 ●专业晋升的机会 ●职业道路选择带来的独特机会 ●地理位置的优势 ●强大的关系网络	指个体不可控但可以使其弱化的外部消极因素 ●就业机会减少 ●由同专业的大学毕业生带来的竞争 ●具有丰富技能、经验、知识的竞争者 ●名校毕业的竞争者 ●专业领域发展有限

SMART 原则二 M（Measurable）——衡量性。 衡量性就是指目标应该是明确的，而不是模糊的。应该有一组明确的数据，作为衡量是否达成目标的依据。如果制订的目标没有办法衡量，就无法判断这个目标是否实现。

SMART 原则三 A（Attainable）——可实现性。 目标是能够被执行人所接受的。太高不是自己的目标，太低也不算自己的目标，那什么样的目标是最适合的呢？经常听到有一句话说："跳起来够得着"。比如说，我们确实举不起千斤重的量，非要给自己这样一个目标，结果自己不管怎样练习始终达不到。

SMART 原则四 R（Relevant）——相关性。 目标的相关性是指实现此目标与其他目标的关联情况。如果实现了这个目标，但与其他的目标完全不相关，或者相关度很低，那这个目标即使达到了，意义也不是很大。

SMART 原则五 T（Time-based）——时限性。 目标特性的时限性就是指目标是有时间限制的。没有时间，就没有意义和价值。所以任何目标的设置一定要在一定时间内完成。

（二）时间管理

一天24小时，一周168小时，一个月大约720小时，一年就8700多个小时，听起来挺充裕，可是每个人的时间使用却千差万别。早上6点，有人在睡觉，有人在跑步，有人在读书，有人在工作……因此，我们经常说决定一个人的成长不仅仅是8小以内，更是8小时以外。

为什么有的人一天可以做许多有价值和意义的事情，而有的人一天都在忙，却没见完成什么工作，甚至连工作都完成不了呢？马克思在资本论里揭示了资本家压迫无产阶级的密码是剩余价值。那么我们反过来用呢？那些成功的人除了比我们能干以外，主要还是利用了更多的剩余时间。因为他们比我们更勤奋，当我们在玩的时候，他们在努力工作；当我们在休息的时候他们也在努力工作。他们每天都比我们多工作 1 ～ 2 个小时，长年累月下来他们就比我们多很多的时间。我们承认人和人之间有一定差距，但我们更愿意相信人和人之间存在的差距多是由于自己的努力不够和时间分配问题造成的。

1. 四象限原则

四象限法则（图 7-1）是时间管理理论的一个重要观念，应有重点地把主要的精力和时间集中地放在处理那些重要但不紧急的工作上，这样可以做到未雨绸缪，防患于未然。在人们的日常工作中，很多时候往往有机会去很好地计划和完成一件事。但却没有及时去做，随着时间的推移，造成工作质量的下降。因此，应把主要的精力有重点地放在重要但不紧急这个"象限"的事务上是必要的。把精力主要放在重要但不紧急的事务处理上，需要很好地安排时间。

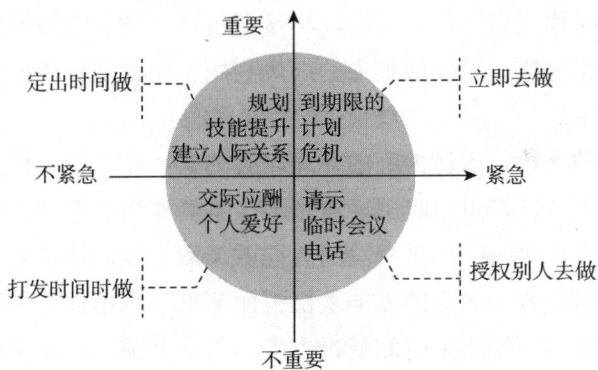

图7-1 时间四象限原则

2. 清单原则

清单是有效解决我们工作头绪的办法之一。当我们面临着纷繁复杂的内外环境和事无巨细的烦琐事务时，难免将主次事情搞混甚至忘记。有效解决这一问题的办法就是清单。比如，航天员的操作是非常复杂的，如果操作失误就会造成毁灭性的损失。因此人们制作了清单，让他们一条条地操作指令，以至于不会出现任何问题。清华学霸姐妹花也是通过一个小小的清单实现了学习、工作、兴趣爱好都不误。清单操作起来其实也很简单，一是罗列出要完成的事情，明确时间和责任人。二是给罗列出来的事项排出优先次序。三是完成一件划掉一件。四是每天总结完成事项和未完成事项，并规划明天要做的事项。

除此之外，我们还有什么办法来控制时间呢？

一是列出当日重要的任务。有的人整天都是浑浑噩噩的，晚上临睡前都不知道自己白天干了什么，好像做了很多事，又似乎没做什么重要事。那如何来摆脱这种"混日子"的状态呢？最好是把每日最重要的任务列出来，写在记账本、备忘录、清单、日程本上都行，可以随时增加和删减，完成一件就划掉一件，不要删除。千万别小看这一步，它会清晰地告诉你一天内究竟做了多少事。还有就是有时候大脑里会突然闪现出一些灵感和要做的事情，那平时记录本又不在身边怎么办呢？可以设置一个印象笔记本，建立灵感收集录，每月每天随时收集要处理的事情，以及突发的灵感。

二是找出属于自己的高效时段。每个人都有属于自己的高效时段，有的人是早上，有的人是晚上，有的人是中午或下午。要提升自己在单位时间上的使用效率，就该先找到自己的高效时段。试着将同一任务放在不同时段简单测试下就能知晓。比如有的人早上适合记事，晚上适合写文、读书，白天嘈杂适合运动。明确了自己的高效时段或者生物钟以后，尽量把每日最烧脑或最希望完美收尾的任务放到这一时段来完成，以保证脑力的高效利用。比如要修炼的核心硬本领就要在这个时间段完成。

三是避免其他干扰，保持内心的专注。有的人在网上搜索信息或查看新闻，结果被一个又一个的链接点击吸引，看了不少不需要做的事情，结果该完成的事情却没有做。在工作进行时，手机总是我们的天敌，我们很难对"叮咚"的声音充耳不闻，很难对闪着小光点的黑屏手机视而不见，忍不住会刷刷微博、看看微信群、翻翻朋友圈。不知不觉时间就过去了，怎么办呢？建议工作时，手机远离身边或保持静音，有急事他们会电话联系你的。很多事情都是利用整块时间来完成的，这么做的目的就是让自己得以保持长时间的专注，避免好不容易聚拢的思绪被突然扯断，增加时间的无效损耗。我们经常批评小学生上课精力不集中，其实有时候我们也是一样，精力不太集中，容易被不重要的事情干扰。

四是合理利用碎片时间和统筹安排。鲁迅先生说过："时间就像海绵里面的水，挤一挤总是有的。"很多人都说每天很忙，有很多想做的和要做的事情，却没有时间去做。其实我们每天除了整块的工作和自我学习时间，还有很多碎片时间，比如等车、坐车、饭后午睡前、各种排队等，这些碎片时间我们就可以用来处理一些事情。比如回复微信信息，找东西或寻找图片素材，打一个电话等。时间是有弹性的，我们不能创造更多的时间，但是我们可以选择哪段时间适合干哪一件事情。长久利用碎片时间来处理碎片事情，就可以节省下想象不到的惊人的整块时间来干整块时间需要做的事情。比如专注读书、创作、写程序代码等。当然，这又涉及一个统筹安排的问题，小学的时候我们都学过华罗庚的一篇关于烧水定律的课文，就是统筹方法的利用，也是一种安排工作进程的数学方法。它的使用范围极广泛，在企业管理和基本建设中，以及关系复杂的科研项目的组织与管理中，都可以应用。但原理却非常简单。比如，想泡壶茶喝。当时的情况是：开水没有；水壶要洗，茶壶、茶杯要洗；火已开了，茶叶也有了。怎么办？办法甲：洗好水壶，灌上凉水，放在火上；在等待水开的时间里，洗茶壶、洗茶杯、拿茶叶；等水开了，泡茶喝。办法乙：先做好一些准备工作，洗水壶，洗茶壶茶杯，拿茶叶；一切就绪，灌水烧水；坐待水开了泡茶喝。办法丙：洗净水壶，灌上凉水，放在火上，坐待水开；水开了之后，急急忙忙找茶叶，洗茶壶茶杯，泡茶喝。哪一种办法省时间？我们能一眼看出第一种办法好，后两种办法都浪费了时间。这是小事，但种思路和处理事情的程序能够帮助我们解决生活中许多问题。

五是明确要完成任务的目的和意义。 人们似乎都有这样的经历，我们一群人要开一个会议，结果来了之后发现材料没有准备好，或者讨论一个事情，结果重要的事情没有讨论出来，不重要的事情却讨论了半天，甚至讨论了其他的事情。这说明我们在处理任务时常常会"跑偏"主题。因此，我们开会时就要有一个会议主题和要解决的问题，不然讨论了半天也没个所以然，最后还是草草结束，没有一个明确的解决方案。做事，一定要有明确的任务目的——我来这里做什么，当下的主要任务是什么，我做到了哪里，清楚明白后，思绪就不容易被转移，更容易高效专注地做好当下的事情。

六是要学会拒绝，勇敢地说不。 生活工作中，经常会遇到不属于你的事情，别人让你帮忙去做，你因为面子不好意思拒绝，就帮忙做了，一做不要紧，以后就得你来维护和跟踪，本来不属于自己的事情，最后反而变成了你的事情。根源就是因为自己不会勇敢地说不，结果这只"猴子"就趴在了你的背上，甩都甩不掉。作为成年人，我们要明白最重要的应该是效率，而不是面子，我们要在适合的时候学会说不，不要在一些无谓的事情上浪费时间。

七是学会权衡利弊。 当很多人说"我没有时间"的时候，并不一定意味着真的没有时间，而是他们不愿舍弃或减少做 A 事的时间去做 B 事，但事实上当真的有更紧急也更重要的 C 事出现时，那些每天看似忙得焦头烂额的人还是能挤出时间去完成的。我们无法创造时间，但时间还会得到充分的利用，这取决于我们用时间来做什么。你不愿意去做一件事情，其实是你觉得这件事不那么重要和紧急。比如很多同学宁愿花时间去刷淘宝、微博、朋友圈，也不愿静下心来读几本书，学习知识，不是没时间，而是不愿意。这样的事情在我们的朋友圈子比比皆是，大家都想评职称，但就是不动笔、不申报课题。骨子里还是两种思想在作怪：懒惰和畏难情绪严重，职称肯定是不会主动找上门来的。蔡垒磊说："当一个瓶子被石子塞满时，你依然能往里加沙。当它被沙填满时，你依然能往里加水。不要认为原来既定的时间计划就不能动，当有更重要的事情出现时，别急着说自己没时间，先去对比有没有更不重要的事情可以被替代。为什么同样多的时间，有的人可以做很多事，有的人却碌碌无为？这都是源于使用时间的不同，这种不同，直接决定了结果的天壤之别。

（三）情绪管理

一个人的情绪是很重要的，小则对自己的身体健康产生影响，大则会因一个人的情绪对组织和公司甚至国家带来巨大的影响。人生不如意，十之八九。我们常常会有心情低落的时候，觉得自己很可怜、很糟糕、很差劲，或是很倒霉，好像整个人都陷在生命的谷底，被一片愁云惨雾笼罩着……这时，有些人很快地找到了轻松与平静，回到原有的生活之中；有些人却很难回得去，在情绪之海里面挣扎，怎么也游不到对岸，常常由于一时冲动而失去一份好工作，破坏一段好婚姻，甚至断送一生，或者一直活在后悔、抱怨、愤世嫉俗之中。

但反过来，情绪是可以被管理的，我们是可以调整自己的情绪的。俗话说：适应不了天气，我们可以改变情绪。如果我们能调整、管理好自己的情绪，就会有幸福而美好的人生。那如何管理情绪呢？我们认为影响个人情绪的因素主要还是一个人的思想认识和修养修为。这些都是通过学习和习惯养成的，是可以修炼的。

当有人背地里骂你时，你会愤怒吗？当你工作和生活遇到挫折时，你会感到沮丧吗？当你受到别人的误会，你会委屈吗？其实每个人遇到困难和挫折，内心或多或少都会有一些感触，或愤怒，或伤悲，但不同的人却有截然不同的反应和不同的方式去面对。为什么呢？这源于每个人的内心世界不同，有强大内心的人可以面对很多残酷的现实和惨淡的人生，内心弱小的人却很快被困难和挫折打败，成为情绪的奴隶。

成功不仅仅取决于你的能力和机遇，更取决于你的心理素质。在心理上输了，有的时候就意味着你已经输了。那么什么是内心强大呢？内心强大，也就是人的一种心理素质，指人的胸怀和潜力，对未来充满希望，有清晰的人生目标；也可以指人的内心思想与外在存在很大的差异，尽管受到很多人的排斥，也不会因外界环境变化而受到影响，其内心依然坚持自己的看法。

1. 阳光心态，做一个有自信的人

内心强大的基本要求之一，就是要做一个自信的人。一个人有了自信，说话才会有力量，语言才有感染力，与人交往才会打动人心，做事情才会取得成功。自信既来源于对自己正确的认识，也来源于自身的实力和价值。万缘发于心，相由心生，境随心转，万事万物都有一个原因，关键是要拥有一个良好的心态——即阳光心态去看待周围的人和事物。俗话说，好心情才能欣赏好风光，好花要有好心赏。你内心是一团火，才能释放出光和热，你内心是一团冰，就是化了也是冰冷的水。亚里士多德曾说，生命的本质在于追求快乐，使生命快乐的途径有两条：发现使你快乐的时光，增加它；发现使你不快乐的时光，减少它。那么怎样才能获得阳光心态呢？阳光心态的主要内涵是：不能改变环境就改变自己，不能改变事情就改变你对事情的态度，不能向上比较就向下比较。这样才能趋利避害，获得阳光心态。

一个事情总有两面，心态决定命运。古时候有甲、乙两个秀才去赶考，路上遇到了一口棺材，甲说："真倒霉，碰上了棺材，这次考试死定了。"乙说："棺材，升官发财，看来我的运气来了，这次一定能考上。"当他们答题的时候，两个人的努力程度就不一样，结果乙考上了。回家后他跟自己的夫人说，那口棺材可真灵啊！这就说明心态影响人的能力，能力影响人的命运。生命的质量取决于人们每天的心情，如果你能保证每天心情好，你就会获得很好的生命体验，体验别人体会不到的精彩生活。

2. 心胸宽广，做一个有包容的人

人之所以不快乐是因为烦恼太多，这烦恼却不是别人给的，而是自己造成的。人之所以快乐不是因为得到太多，而是计较得太少；之所以烦恼不是得到的太少，而是计较得太多。想想已经走过的路，我们到底有过多少快乐？多少烦恼呢？这个世界是对立统一的，有好人就会有坏人，他们共同存在于这个世界。正确是因为有错误的存在，这就是自然法则而已。因此，当我们面对生活中的种种，只能学会拓宽心胸，心怀敞亮，默默地包容生活中的一切烦恼和诸多不顺。如果我们不能包容，就会心生烦恼，心生憎恨，心生怨气，久而久之就会让自己更烦恼。不但扰乱了自己的内心，还让自己活得更痛苦，所以，我们需要清醒，需要冷静，需要善良，需要我们淡化欲望，需要我们学会包容，需要我们远离攀比、斗争、嫉妒、怨气、憎恨，需要我们丢掉自己的固执、任性、极端、自私、自利，包容生活中的一切事物，做到了，就会很快乐，这种快乐是发自内心的一种平静。

3．释放压力，做一个接纳自己的人

压力太大，当然就不能正确处理情绪，有情绪就会影响心情和事情。我们不是完美的人，都会有这样那样的缺点和问题，有时候我们要学会接纳自己和愉悦自己，正确看待自己的缺点和不足，从而让自己更加淡定。当我们自己的压力和包袱太重时，也要学会释放。

一是消除压力源。缓解压力最直接的方法就是找到压力源，然后尽可能地消除它。如果你的压力是由于工作任务重造成的，不妨合理安排一下时间，重要的工作先做，次要的放一放，待时间充裕再完成。完成了影响压力的工作，情绪得到缓解，压力也就消除了。

二是合理宣泄。压力是在所难免的。俗话说："压力越大，动力越大。"但在面对太强的压力的时候，我们的压力就变不成动力了，或许只剩下压力了。当自己无法排解时，不妨将心中的压力和不快说出来，或者通过运动、唱歌、大喊、哭泣等方式宣泄出来，不良情绪一扫而空，压力自然得到了缓解。

三是做深呼吸。当你心力交瘁、压力倍增时，最快的一种恢复平稳的方法是深呼吸。然后想想到底是什么让你感觉焦虑。深呼吸也能在你体内注入更多的氧气，从而让你的精力更加旺盛。研究表明，冥想是消除压力的最好方法。因此建议每天冥想 10 分钟，它能降低心跳频率和血压，减缓呼吸，平复脑电波，更快恢复身心平稳，防止在压力下身体的免疫能力下降。

四是饮食解压。日常饮食多吃一些振奋精神、消除疲劳的饮食，也可以消除不良情绪，缓解压力。建议把一些缓慢释放能量的碳水化合物，如水果、粗粮、蚕豆、坚果和植物种子加入你每天的饮食清单中。特别是坚果和植物种子不仅含有碳水化合物，还含有蛋白质，是很好的抗压食物。此外，还需要每日增补那些有效转化为能量的营养素，如 B 族维生素、胆碱、维生素 C、钙、镁、锌、辅酶Q 等。

五是慢运动缓释压。平时我们可以适量地运动，让身体达到最佳的姿态，从而能够更加放松、强壮，游泳、散步、瑜伽、太极拳等都会有帮助。无论在家、工作，甚至逛街购物，我们多数时候都在室内。自然光照得不够，会让我们的身体失去节奏，承担压力的能力越来越差。因此，当你感觉到有压力时，多到户外走动，即使天气不怎么好，也要坚持走一走，当看到外面的景色时心情自然就舒服多了。

（四）习惯管理

习惯对一个人的成长太重要了。为什么这样说呢？习惯有好的方面，也有坏的方面。一个人拥有好的习惯，自然就是有好的职业素养，从而成为企业单位竞相聘用的对象。如果一个人再聪明，但是习惯不好可能就不会有好的机会和发展。比如迟到、拖沓、情绪化、工作不认真等这些不良习惯就会影响个人的工作和发展，甚至还会给自己带来麻烦。如果有守时、尊重、合作、亲切、包容、冷静、低调等这些习惯，就会成为受欢迎的人。

一是正确认识，确立目标。一个人要正确对待和认识到自己的不良习惯和优秀习惯，好的加以坚持，不好的正确认识，制订计划慢慢改正，关键还是要坚持，做到持之以恒。比如一个人想要锻炼身体，制订了一个每天长跑 5 公里的计划，连续了几天以后发现自己身体受不了，于是后面就不想去了，总给自己找理由放弃锻炼。

二是持之以恒，坚持到底。一天，苏格拉底对同学们说："今天咱们只学一件最简单也是最容易的事，即把你的手臂尽量往前甩，再尽量往后甩。"然后自己示范了一遍，"从现在开始，每天甩臂 300 下，大家能做到吗？"学生们可能觉得这个问题可笑，这么简单的事怎么做不到呢？都齐刷刷地回答："能。"过了一个月，苏格拉底问道："每天甩臂 300 下，哪些同学坚持了？"有 90% 以上的学生骄傲地举起了手。两个月后，当他再次提到这个问题时，坚持下来的学生只有 80%。一年后，苏格拉底再次问道："请你们告诉我，最简单的甩臂运动，还有哪些同学坚持每天做？"这时候只有一个学生举起了手，这个学生叫柏拉图，他后来成了古希腊的另一位大哲学家。因此，成功在于坚持，坚持是最容易做到的事，只要愿意，人人都能做到；坚持又是最难的事，因为真正能做到的，终究是少数人，柏拉图坚持做到了，他后来就能成为古希腊的另一位大哲学家。也许正因为柏拉图做到了这一点，他给后人留下一句名言："耐心是一切聪明才智的基础。"这应该说是经验之谈，也是肺腑之言。

许多专家学者也说一个习惯的养成或改变一个不良的习惯至少需要 21 天。那么我们只要坚持 21 天做一件正确的事情，这个习惯就可能会养成。写下你的不良习惯和制订你的计划尽力去改变吧，你可以的。

（五）学习管理

人与人之间之所以有很大的不同和差距，除了其他重要因素以外，其中一个重要因素就是学习能力的大小。有的人天天爱学习，善于学习，通过学习能够改变自己的命运和实现自己的理想。而有的人就是不善于学习，而原地不动。

一是要有目标。目标前面我们谈了很多了，就是要通过自己的思考和提炼，最终形成自己的学习目标或职业目标，通过自己努力一步一步实现。

二是要勤奋。一个人即使确定了目标，如果不努力学习，也是空中楼阁，或者叫竹篮打水一场空。所以勤奋是一个人成功的关键因素之一。49岁的原梦园，为了陪儿子读书，提前退休来到上海，并在上海交通大学当起了宿舍管理员。为了营造良好学习氛围和给儿子树立榜样，2018年12月，他们母子一起考研，他们的共同科目是英语和政治。不同的是，儿子有数学两门专业课，她有汉语两门专业课。经过努力，最终儿子拟录取为复旦大学研究生，原梦园拟录取为广西大学汉语国际教育专业硕士研究生，母子二人均实现人生理想。

三是要有总结。总结就是不断反思的过程，不断明确目标和确信自己做得好的和做得不足的方面。做得好的方面积累经验，做得不好的方面找出原因和差距。

四是要掌握方法。学习讲方法，做人讲原则，做事讲规则。有哪些学习方法呢？主要是做到刻苦钻研，没有哪一门学问是轻轻松松就能掌握和学得精的，只有多花时间和多请教师生，才能学好悟透会用。同时还要利用好时间，优秀的人之所以优秀，那是因为他们比别人更会利用时间，做到少休息，多学习，以至于比别人拥有更多的剩余时间。再则还要注意三个结合，要从课前预习、课中认真学习、课后及时复习等三个方面加强学习技巧和方法。如此，一定能够实现学业的进步。

对于个人的管理还有很多，这都需要大家在学习和工作实践中不断积累和不断总结。

第二节 团队训练与管理

没有完美的个人，只有完美的团队，一个人再能干也做不完所有的事情，只有依靠团队才能取得胜利。因此，真正聪明和能干的人，不是一个人在哪里工作，而是激发每个人的热情，凝聚团队的力量一起工作，实现利益的最大化。邓小平曾经说过："我们的现代化事业能够取得成功，一是要有共同的目标和理想，二是要有良好的纪律。"因此，搞好团队建设是值得借鉴和参考的。团队管理和建设还涉及许多理念和知识，由于考虑到大学生的现实状况，我们这一节内容主要从团队的素质拓展和训练方面来讲述。

一、适用于室内外的团队训练项目

游戏 1：极目远跳（此游戏，红蓝两队率先进行，黄白两队其后进行）

游戏内容：两队同时进行，以接力的形式完成。每队队员依次在指压板上跳绳，在跳跃的同时，读出前面工作人员所举的一句话，所有队员完成即完成挑战。

游戏规则：每位队员需在指压板上连续跳跃，直至正确念出所对应的内容，中间不得中断，若中途失败，则该队员重新挑战（挑战三次不过则轮到下一位进行游戏，且该队罚时 20 秒），直到挑战成功，下一位队员方可开始；若有弃权者或违规者，按人数计算，一人罚时 20 秒。所有队员通过，则完成挑战，用时最短者获胜。第一名获得 4 分。第二名、第三名、第四名依次获得 3 分、2 分、1 分。

游戏 2：衣架接力（此游戏，红蓝两队率先进行，黄白两队其后进行）

游戏内容：游戏分两队进行，每队队员穿过衣架，所有队员完成，则挑战成功，游戏结束。

游戏规则：每队队员站成两排，从第一位队员开始穿衣架，从头朝脚下穿，完成后立即传递给下一位，若中途有弃权者或不能穿过衣架者，按人数计算，一人罚时 20 秒，到最后一位队员成功穿过衣架，则该游戏完成。用时最短的队伍获胜，第一名获得 4 分。第二名、第三名、第四名依次获得 3 分、2 分、1 分。（衣架中途损坏可向工作人员要求更换）

游戏 3：高效传情（此游戏，黄白两队率先进行，红蓝两队其后进行）

游戏内容：两队同时进行，每队队员处于不同位置，用规定的动作及道具完成挑战，所有队员完成任务即游戏结束。

游戏规则：每组成员站在一条线上，第一人开始扔排球；第二人用纸箱接球，再向第三、第四个人传球；第三个人与第四个人抱在一起（面对面），用身体接球，再传向第五个人；第五个人用纸箱接球；第六人与第七人以两人三足的方式到第五人处接球，再往回走到第八人处，交给第八人；第八人接到球后大象转鼻子 5 圈后将球抛向第九人和第十人；第九人与第十人接到球后不间断地跳 5 个绳（失败则重跳，要求：第九个人接到球并抱在怀里，与第十个人一起跳绳，失败三次则直接传给下一人，该队罚时 20 秒），再将球传向第十一和第十二两人；第十一、第十二人，其中一人背着另一人，背上的人以任意方式接球后向第十三人传球；第十三人用纸箱接球；第十四人、第十五人答题正确（两人共答对两题。若出现回答不上的问题可换另一道题，但每队只能换两次题，若不能答对两题者，算作弃权，罚时 20 秒）后，方可把球传给最后一人。最后一人以反扣的形式将球投进背后的塑料盆，完成所有规定动作，游戏中的违规（动作没有按要求进行的）者罚时 20 秒，弃权者罚时 20 秒，用时最短者获胜。第一名获得 4 分。第二名、第三名、第四名依次获得 3 分、2 分、1 分。

（本环节游戏除第六、第七人可以离开原位置，其余参赛人员只能在原位置接球或传球，否则违规罚时 20 秒）

游戏 4：趾高气扬（此游戏，黄白两队率先进行，红蓝两队其后进行）

游戏内容：分两队进行，以接力跑的形式完成，跨越障碍并完成规定任务，到达指定点，所有队员完成则游戏结束。

游戏规则：每组两人组队，一人背着另一个人，并且背人的人需要用眼罩蒙上眼睛，此人背上的人负责指引方向，两人合作走过一段有障碍的路程。第一个障碍为跨过高度为 20 厘米的线才能向前走（若绳线被破坏，则罚时 20 秒）；第二障碍为在指压板上背着人转 3 圈，若在转圈的过程中脱离指压板的区域，则需要重新转 3 圈，直至完全在指压板上转完 3 圈方可向前前进；第三个障碍为在指压板组成的路径上，背上的人需要喝完一瓶 250mL 的小可乐才能向前走。并踩爆在终点的一个气球后才能通过，下一队在第一队到达终点后才能开始。按人数计算，违规者罚时 20 秒，弃权者罚时 20 秒。本次游戏通过计时评判，用时最短的队伍获胜。第一名获得 4 分。第二名、第三名、第四名依次获得 3 分、2 分、1 分。

（注：以上游戏综合得分排出名次，若有平分队伍，则该队伍进行加试游戏一决胜负。）

加试游戏：空中拍照

游戏内容：由比分相同的队伍进行比赛，率先完成挑战的队伍获胜。

游戏规则：两支分数相同的队伍按规定的动作进行，游戏中会随机播放音乐，当游戏音乐停止的时候，挑战队员同时跳跃，做出如下动作：脸部表情：所有队员在空中露出牙齿并保持眼睛睁开；男生左腿向上弯曲，右腿伸直；女生双腿伸，工作人员拍照，并拿给裁判审核，直至记录的照片完成规定动作该游戏结束，首先完成规定动作的队伍获胜。

（注：排名最末的队伍将进入惩罚环节。）

惩罚环节

惩罚内容：以接力的形式，输的一队全部成员每人手拿一个保鲜膜框架，将脸贴在保鲜膜上并用力穿破保鲜膜。

游戏规则：该队的成员需要拿着硬质框架贴在脸上，并用力穿破保鲜膜，与此同时，不能用外力（手指、牙齿等尖锐物品）戳破保鲜膜，只能用脸穿过保鲜膜。穿过保鲜膜后该人的惩罚结束。

互动环节

幸运抽奖

游戏内容：团委老师在暗箱中抽取三张入场券（在本次活动开始前，我们收取每个部门所持有的入场券），所抽到的幸运队员就可获得一份礼品。

欢乐印手掌

内容：每队的成员在手上涂上各色颜料，并在游戏喷绘墙上印下自己的手印以纪念本次活动。

二、真实的团队训练项目案例

世界 500 强企业富士康曾经来校招聘程序员和软件测试员，由于来自不同的院系，为了加强团队凝聚力和素质拓展，他们提前来校举行了一场以同学为主的训练活动和总结。通过这个素质拓展的过程增强了大学生的自信心，激发了团队活力，效果非常好，获得了校内外的一致好评，甚至多年以后都成为了入职前训练的经典项目。这样的项目，其实通过一定的设计策划，我们也是可以复制的，甚至可以做得更好。当然问题的关键是要提前做好设计和策划，而且要根据项目团队人的特点而进行。

（一）前期策划

> **XX 学院与富士康 A 次集团校企合作专班素质拓展训练**
>
> 一、活动背景
>
> 为更好地贯彻落实党的十八届三中全会关于"强化体育课和课外锻炼，促进青少年身心健康、体魄强健"的精神，引导和帮助大学生激发参加体育锻炼的主观能动性、形成良好的体育锻炼习惯、提升身体素质，并从中磨炼坚强意志、培养良好品德和拼搏精神，共青团中央、教育部、国家体育总局、全国学联近日联合下发《通知》，决定从 2014 年开始，在全国高校范围内全面启动和广泛开展大学生"走下网络、走出宿舍、走向操场"（简称"三走"活动）主题群众性课外体育锻炼活动。
>
> 二、活动主题
>
> 奔跑吧！兄弟

三、活动目的

1. 培养团队精神、创新精神和实践能力，增强心理素质。

2. 增强班级内部凝聚力，增进感情，同时也锻炼我们组织活动的能力。

3. 增添校园活动氛围，倡导青春正能量，促进学生身心健康成长，展现大学生精神风貌。

四、活动时间

2019 年 × 月 × 日下午 2：00 ～ 5：00

五、活动地点

×× 学院室外篮球场

六、活动参与对象

×× 学院在读学生

七、活动相关要求

1. 工作人员需提前将时间、地点、注意事项等通知给各参与活动的成员。

2. 活动过程中安排相关人员维持秩序并注意安全。

3. 要求参与活动的人员穿休闲装，女生着装得体，不穿高跟鞋、裙子。

4. 参与活动请遵守游戏规则，并尊重裁判的处理。

八、活动项目

（一）体验：盲人穿越

时间： 20 分钟

地点： 风雨球场及周边地区

道具： 红领巾

规则： 每队队员除队长外全部戴上红领巾，排成一列纵队，由队长带领本队人员穿越既定区域，队长可以虚构任何地形或路线，口述注意事项指引队员前行。如：向前走、迈台阶、跨东西、向左或右拐等。

工作人员提前准备好路线图，各组跟进人员应做好安全工作，防止活动中出现摔倒。

（二）游戏环节

各支队伍从起点站出发，到终点站完成游戏后，所用时间最短者为第一名，依次类推。

第一站：六人七足

地点： 室外篮球场

道具： 2 卷玻璃绳

规则：4 支队伍两两 PK。每队排成一横排，相邻的人把腿系在一起，一起跑向终点（往返跑，共 50 米），先到的队伍进行下一轮游戏。

第二站：投篮

地点： 室外篮球场

道具： 篮球

规则： 男生在罚球线处投篮，女生可在任意处投篮。若没有投中，则该成员要投篮，直到该组所有成员全部投中即可进入下一轮游戏。

第三站：跳大绳成语接龙

地点： 室外篮球场

道具： 4 根大绳，若干已写好成语的纸条

规则： 各队先派 1 名代表抽成语题目，各队先进行思考与讨论，准备充分后开始本轮游戏。每队选出 2 人摇绳，剩下的人完成本轮任务。每队的队员依次进绳连续跳，同时依次完成成语接龙。若有间断则所有队员从头开始跳。直到该组所有成员全部完成本轮游戏即可进入下一轮。

举例： 红队，抽到的成语为"洋洋自得"，该队第 1 人进绳说出第一个接龙成语"得意忘形"后要一直跳，第 2 人进绳后说出第二个接龙成语"形影不离"，直到该队的所有队员（除摇绳的 2 人之外）全部进绳并完成 8 个成语接龙后即可停止。

第四站：乒乓球接力

地点： 室外篮球场

道具： 筷子、乒乓球，凳子，盆

规则： 每队队员排成列，第一人将乒乓球夹起传给下一位，由该队最后一位成员放入指定地点。直到传完 10 个乒乓球即可进入下一轮，若中途乒乓球掉落，则从头传递。

第五站：竞速拼图

地点： 室外篮球场

道具： 拼图、图片（A4 纸）

规则： 工作人员提前将完整拼图展示 10 秒，每队队员依次轮流从规定的起点处跑到终点，每次只能拿一块拼图回到起点。直到得到完整拼图即可进入下一轮。（拼图中有重复）

终点站：悬空合影

地点： 室外篮球场

道具：相机（手机）

规则：各队派出一名队员负责拍照，其余人集体起跳，直到拍照者拍到所有人脚离地的照片即为成功。（规定不能使用连拍功能）

最先完成的即为第一名，依次类推。

（三）撕名牌大战

参与者：富士康科A次集团IDPBG事业群IT专班学员

地点：风雨球场

道具：贴纸若干（名牌）

规则：各队成员背后要贴上自己的名字，游戏开始后互相撕掉其他队伍的名牌，直到其他队伍名牌全体被撕完为止，在比赛期间不得跑出区域范围，跑出者直接淘汰。本游戏采用两两对比淘汰制，直到选出最终胜利者。

九、活动详细实施方案

（一）前期准备阶段

1. 召开小组讨论会，拟定活动方案，包括详细的实施流程、分工表、经费预算表、安保方案等。

2. 提前完成活动材料的采购以及准备，包括道具、活动奖品等的准备，并完成相关场地申请。

3. 宣传工作的开展，通过制作与张贴海报、利用微博等新媒体宣传本次活动。

4. 提前借音响、话筒、相机、电脑等设备，准备游戏音乐。

5. 整理参与名单，完成分组（6人/组，共4组），组建QQ群。

6. 提前组织班级内部人员体验游戏，进行完善。

（二）中期活动阶段

1. 活动当天13：20所有工作人员到场签到。

2. 13：30各小组做好相应准备，道具组布置场地，音响组确认音响的正常使用、音乐的正常播放。

3. 14：00开始活动，主持人开始主持，并介绍本次活动相关事宜。

4. 15：00结束活动，统分，颁奖，合影留念，工作人员收拾场地。

5. 所有工作人员对突发情况都要随机应变以及随时反馈。

（三）后期总结阶段

活动当天完成活动总结及活动成果汇报。

十、注意事项

1．开展前，检查游戏中所用器械及场地是否存在安全隐患；备好一些常用的医疗药品，如创可贴、治疗跌打损伤的药、绷带等。

2．开展前，讲解活动流程，并做活动前热身。

3．活动前签到组负责将各队队员分好，并清点好各队人数，若缺队员则可以进行微调或由工作人员补上，尽量保证每队人数一样。

4．安排 4 名工作人员全程跟进各支队伍，以杜绝任何不安全操作。

十一、附件

附件 1：××学院与富士康 A 次集团校企合作专班素质拓展训练实施流程表

附件 2：××学院与富士康 A 次集团校企合作专班素质拓展训练安保方案

附件 3：重庆文理学院与富士康 A 次集团校企合作专班素质拓展训练经费预算表

××学院与富士康 A 次集团校企合作专班

二〇一九年五月二十五日

（二）后期总结

整个活动设计得非常精巧，每个人都有极大的收获，组织者更是用总结工作来升华取得的成效，让每个团队成员畅谈感受和理想，同时让团队负责人制作精美的 PPT 进行播放和讲解，进一步拉近大家的距离和增进友谊。例如，总结者在陈述中提到，这个活动达到了培养团队精神、创新精神和实践能力，增强心理素质；增强班级内部凝聚力，增进感情，同时也锻炼我们组织活动的能力；增添校园活动氛围，倡导青春正能量，促进学生身心健康成长，展现大学生精神风貌等方面的目的。

通过这些活动，调动了小组成员的积极性、团结协作的能力。选手玩了之后会觉得好玩，还有再想参加的想法。参与的同学都很开心，全部都积极地投入比赛。设计的五个游戏既需要团结协作的精神，也需要一定的智慧，这让同学们在游戏中得到了一些锻炼。

当然，不足之处是人员调配不是很好，事前各个阶段的负责人没有很好地协商好、接洽好。现场的观众比较少，参赛人员的时间没有控制好。游戏规则修改次数过多，工作人员给予参赛选手的提示和帮助过多，这导致了游戏的难度降低。但总来说，这样的活动锻炼了团队的每一个人，大家都学会了如何去诠释团队精神。团队的力量也是很大的，一个完整的活动能在两三天内就搞定，还是很不容易的。

参考文献

[1]宋经同.论大学素质教育的实施对高校教师素质的要求［J］.世纪桥，2007（12）：34-35.

[2]韩静，许琳，孟双明.高校教师人文素质的培养［N］.山西大同大学学报（社科学版），2008（3）：81-83.

[3]包相玲.论高校教师素质的培养与提高［J］.教育与职业，2008（18）114-115.

[4]李尚明，王小康.论素质教育背景下科学教师评价机制的构建［N］.安康学院学报，2008（5）：90-92.

[5]吴宗保.实施素质教育对高职教师素质的基本要求［N］.天津成人高等学校联合报，2001（3）：12-14.

[6]颜萍.高校教师素质提高的有效途径［J］.江苏高教，2006（5）：133-134.

[7]韩敬愈.教师评价工作应注意的几个问题［J］.教育科学研究，2002（2）：33-34.

[8]殷海.关于高校教师素质提高途径的探讨［N］.宁夏大学学报（人文社会科学版），2004（2）：111-113.

[9]梁红.大学教师文化素养的内涵及提高［J］.现代大学教育，2003（2）：50-53.

[10]谷成，田颖.如何构建和完善高校教师评价体系［J］.高教高职研究，2008（4）：165-167.

[11]谷成，田颖.完善高校教师评价体系的思考［J］.当代教育论坛，2008（3）：83-85.

[12]董平.对改革大学人文素质教育评价体系和评价机制的思考［J］.前沿，2007（6）：62-64.

[13]高世杰.高职院校教师人文素质教育剖析［N］.科技创新导报，2007（35）：240.

[14]何杨勇，左小娟.教师人文素质论［N］.杭州师范学院学报（自然科学版），2003（6）：83-85.

[15]李斌，张红，周庆芬.大学教师的素质及其培养［J］.理论界（双月刊），2003（2）：2.

[16]熊岚.人本取向的高校教师评价研究［J］.高校教育管理，2007（1）：48-53.

[17]肖全民 . 素质教育评价机制试构［D］. 桂林：广西师范大学，2001.

[18]韦微 . 关于我国大学教师评价的研究［D］. 西安：陕西师范大学，2006.

[19]章坤 . 大学教师教育素养及其养成研究［D］. 长沙：湖南师范大学，2006.

[20]曹秀娟 . 高校教学岗位教师能力素质模型与评价方法研究［D］. 济南：山东科技大学，2006.

[21]袁振国 . 外国素质教育政策研究［M］. 济南：山东教育出版社，2004.

[22]甘阳，陈来，苏力 . 中国大学的人文教育［M］. 北京：生活·读书·新知三联书店，2006.

[23]陆挺，徐宏 . 人文通识讲演录·人文教育卷［M］. 北京：文化艺术出版社，2007.

[24]石亚军 . 人文素质论［M］. 北京：中国人民大学出版社，2008.

[25]汪青松，查昌国，张国定 . 杨叔子院士文化素质教育演讲录［M］. 合肥：合肥工业大学出版社，2007.

[26]何茂莉 . 传承与现代——文化人类学视野下的大学精神［M］. 北京：民族出版社，2006.

[27]汪刘生 . 创造教育论［M］. 北京：人民教育出版社，2000.

[28]刘凤泰 . 提高文化素质 培育创新人才——高等学校加强文化素质教育的探索［M］. 北京：高等教育出版社，2001.

[29]黄俊杰 . 全球化时代的大学通识教育［M］. 北京：北京大学出版社，2006.

[30]黄坤锦 . 美国大学的通识教育［M］. 北京：北京大学出版社，2006.

[31]王立新，郑宽明，王文礼，等 . 大学生素质教育概论［M］. 北京：科学出版社，2005.

[32]张兴华 . 人文教育概论［M］. 青岛：中国石油大学出版社，2007.

[33]魏国英 . 女性学［M］. 北京：北京大学出版社，2000.

[34]陈雪枫，莫雷 . 心理自测［M］. 广州：暨南大学出版社，1996.

[35]潘燃元，王伟廉 . 高等教育学［M］. 福州：福建教育出版社，1995.

[36]黄克孝 . 职业和技术教育课程概论［M］. 上海：华东师范大学出版社，2001.

[37]刘献君 . 专业教育中的人文教育［M］. 武汉：华中科技大学出版社，2003.

[38]阎光才 . 大学的人文之旅——大学本科教育中人文社会科学的价值重估［M］. 北京：教育科学出版社，2005.

[39]徐长松 . 黄成惠，大学生心理概论［M］. 上海：上海科学技术出版社，1988.

[40]朱高峰 . 试论素质教育［J］. 北京：高等工程教育研究，2009（1）：1-5.

[41]田广林 . 中国传统文化概论［M］. 北京：高等教育出版社，2011.

[42]陈晓龙.中国传统文化概论［M］.西安：陕西师范大学出版社，2009.

[43]沈瑞云.中国传统文化十讲［M］.杭州：浙江大学出版社，2005.

[44]顾植等.中国传统文化精华二十二讲［M］.太原：山西古籍出版社，2004.

[45]周俊玲.中国传统文化概论［M］.成都：四川人民出版社，2005.

[46]肖志刚.文学欣赏［M］.武汉：武汉理工大学出版社，2006.

[47]游国恩，王起，萧涤非，等.中国文学史［M］.北京：人民文学出版社，2002.